銀川 이춘원 제13시집

꽃별 뜨다

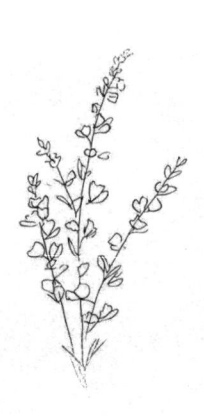

自序

까만 돌도
꿈을 꾸니
꽃을 피운다

꽃돌의
이름으로

내 속에는
무엇이 담겨있어
그 어느 날
향기나는 꽃 한송이
피울 수 있을까

- 銀川 서재에서

축하의 글

한결같고 절제된 품격의 시인

이 근 후 박사

銀川 이춘원 선생님의 13번째 시집 『꽃별 뜨다』 출간을 축하드립니다. 13번째 시집의 탄생이니 축하도 13번을 드려야겠습니다. 축하하는 마음을 주려서 "축하 13" 아울러 감사한 마음도 함께 전합니다.

축하라는 말은 시집을 내신 은천 시인의 몫이고, 감사하다는 말은 그로 인해 즐거운 마음으로 일했으니 그 감사한 시를 써주신 은천 시인을 향한 내 마음의 몫입니다.

옛말에 이런 표현이 있습니다. '책에는 모든 과거의 영혼이 가로누워 있다.(T.칼라일, Thoma Carlyle, 1795~1881)' 나는 이 말에 영혼이라는 말에 주목합니다. 내가 평소에 생각하고 있었던 마음이란 다른 사람에게 들어내 보이는 겉마음이고, 또 드러나지 않는 숨겨진 속마음이 있다고 생각을 합니다. 그것은 영혼이라고 표현이라고 해도 될 것 같네요. 은천 이춘원 시인이 표현한 시적 겉마음은 13번의 시집 제목에서도 쉽게 읽을 수가 있습니다. 시집의 제목에서도 일관되게 볼 수 있는 것은 크게는 자연에 대한 무안한 사랑입니다. 옛말에 '예술은 자연의 모방이다. (아리스토텔레스)'란 말이 있는데 은천 시인은 이 말을 대변이라도 하듯이 실천적으로 우리에게 겉마음을 보여 주십니다. 이런 겉마음도 따지자면 속마음의 표현일 것입니다. 영혼의 표현이기도 합니다. 그러니 표현된 그 마음도 중요하겠지만 숨어있는 은천 시인의 속마음이나 영혼도 우리와 함께했으면 좋겠습니다.

겉마음을 통하여 속마음을 짐작할 수 있듯이 시인의 표현된 시를 통하여 숨겨져 있는 시인의 영혼도 독자들이 함께 읽을 수 있기를 바랍니다. 그 마음의 표현이 시에도 품격이 있듯이 감추어져 있는 영혼에도 품격이 있다고 생각합니다. 은천 시인의 장점이라면 이 겉마음의 표현이나 속마음의 영혼이 지닌 뜻이 다 한결같다는 점입니다. 이런 절제된 품격은 흔히 볼 수 있는 품격은 아닙니다. 그래서 제가 드리는 말씀은 축하의 말씀과 함께 감사하다는 말씀을 덧붙인 것입니다. 모쪼록 이 시집이 끝이 아니라 새롭게 탄생할 또 다른 시집의 시작의 단초가 되기를 기원하면서 한 번 더 인사를 올립니다.

축하 13, 그리고 감사, 감사.

· 이화여자대학 명예교수
· ㈔가족아카데미아 이사장, 예띠문학 고문

목 차

■ 自序 · 3
■ 축하의 말씀 · 4

제1부 · 애벌레의 창

산당화 · 15
숲의 발성 · 16
푸른빛 교향곡 · 17
애벌레의 창 · 18
유년의 숲을 가다 · 19
눈물이 꽃 피우다 · 20
주름잎풀꽃 · 21
그날이 오면 · 22
꽃별 뜨다 · 23
숲속에 커튼을 달다 · 24
뒤태 · 25
연꽃 향기 · 26
가을 언덕에서 · 27
숲속 연주자 · 28
겨울숲 · 29
눈동자 · 30
빨간 장미, 울타리를 넘다 · 31
가을에 피는 민들레 · 32
단풍잎돼지풀 · 33
애기나팔꽃 · 34

제2부 • 맹꽁이 새벽에 울다

담 · 37
단풍잎 마르다 · 38
바다거북을 사랑한 소녀 · 39
꽃을 보면 아프다 · 40
캔버스 앞에 서다 · 41
사랑에 대한 소고 · 42
사랑의 거리 · 43
그대꽃 · 44
조율 1 · 45
조율 2 · 46
마음의 기울기 · 47
어느 날 문득 · 48
상처 · 49
사랑이 피보다 진하다 · 50
쓸쓸한 계절에 그대 떠나가고 · 51
매미의 안부 · 52
행복, 그 한사람이 있어 · 53
사랑은 너무 흔하잖아요 · 54
기다림 · 55
맹꽁이 새벽에 울다 · 56

제3부 • 나미브사막에 거저리가 산다

할머니의 배낭 · 59
창 · 60
눈물 · 61
결혼식장에서 · 62
길에 대한 생각 · 63
삶, 함께 가는 길 · 64
공간과 채움, 그리고 비움 · 65
질주 · 66
나미브사막에 거저리가 산다 · 67
캐스팅 · 68
나, 오늘 기뻐서 운다 · 69
우연 · 70
만약에 · 71
다시 7번 방 앞에서 · 72
물처럼 · 73
가을 길에서 · 74
잊혀진다는 것 · 75
꿈 · 76
바다 · 78
기침, 삶의 몸부림 · 79

제4부 • 수신 없는 부고장

우엉차를 마시며 · 83
고장난 벽시계 · 84
정인이가 운다 · 85
증발 3 · 86
구월을 맞으며 · 87
수신 없는 부고장 · 88
무인도 · 89
화火 · 90
하늘을 날다 · 91
게르 1 · 92
삼청동에 가을이 들다 · 93
청송 깍두기 · 94
꽃돌의 이름으로 · 95
여승 · 96
창가에 앉아 · 97
상처 · 98
세월, 눈물이 피워낸 꽃 · 99
벚꽃, 바람에 휘날리듯 · 100
걸음동무 · 101
본색을 드러내다 · 103
검정 마스크를 쓰고 숲에 가다 · 104

제5부 • 하늘이 열리고, 땅이 열리고

호렙산에서 · 107
풍등 · 108
미나리꽝에 거머리가 산다 · 109
달집태우기 · 110
샤론의 꽃향기 되게 하소서 · 111
슬픈 날의 기도 · 113
죠슈아트리 · 114
본향 찾아 떠나는 그대에게 · 115
사과나무 · 117
사명 · 118
우주에 손 닿다 · 119
금수강산을 춤추게 하소서 · 120
하늘길 · 122
시애틀을 떠나며 · 123
하늘이 열리고, 땅이 열리고 · 124
아름다운 소식 한강에 꽃 피다 · 125
주가 쓰시겠다 하라 · 126
자주괭이밥의 기적 · 127
유월, 어느 날의 기도 · 128
에스컬레이터 · 129

■ 시론과 내가 좋아하는 시

🍁 시에 대한 짧은 생각 하나 · 133
  － 시선視線을 중심으로

🍁 기다림으로 승화시킨 삶의 고독 · 140
  － 채광석의 "기다림"

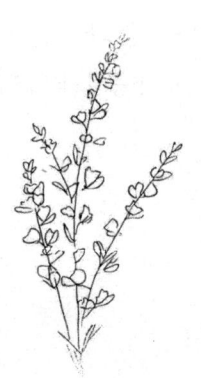

제1부
애벌레의 창

그 창으로 세상을 본다
참 아름다운 세상이다
눈 안 가득 밀려드는 쪽빛 하늘
조각난 풍경이 묘하게 조화를 이루는
파란 하늘의 구름은
뭉게뭉게 양털구름이다

산당화
- 애기씨나무 꽃 머금다

명자나무*
가시밭길에
붉은 꽃봉오리 수줍다

나갈까 말까 망설이다
초록 이파리 속에서
다소곳이 고개 내미는

부끄러 부끄러워
초록치마 둘러쓰고
기웃기웃
애기씨 속마음 드러나는
산당화 겨드랑이에서
봄날 사랑이 피어난다

* 명자나무는 봄에 붉게 꽃피는 산당화의 다른 이름이며
  애기씨나무라는 별칭도 있다.

숲의 발성

혼탁한 세상을 떠나 산에 오른다
목련은 순백의 옷깃 바람에 펄럭이고
개나리 노란 꽃눈 빠끔히 문을 열 즈음
붉은머리오목눈이 떼 지어 관목숲을 휘젓고
저 앞에 멧비둘기 몇 마리 모이를 찾고 있다

해질녘 숲은 뒷걸음치는 햇빛 따라
산새들 가족 모으는 소리가 분주하다
어디선가 청량한 목소리 산을 울린다
가끔은 막대기 두드려 리듬을 찾는가
또-르르 따-르르르
높은음자리표가 숲을 떠돈다

오래전부터
이 산에는 청딱따구리가 산다
숲의 고요 속 청아한 목소리
푸른 바람을 일게 하는 발성
봄볕에 나른한 숲을 깨운다

푸른빛 교향곡

칠월의 숲이 푸르다
나뭇잎 스쳐 가는 바람 싱그럽고
키작은나무 가지 새로
언뜻 비치는 햇살이
푸른 옷깃을 팔락이며 간다

높은 나뭇가지 위에서
산새가 부르는 노래
푸른 장조의 화음 향기롭고
재잘거리는 아이들 소리에
나뭇잎이 까르르르 웃는다

참나무 숲에서는
힘찬 파도 소리가 들리고
이마에 송골송골 맺혀 있는
땀방울
투욱 툭 떨어질 때
푸른빛 교향곡이 숲에 퍼진다

애벌레의 창

나뭇잎 하나에
수많은 창窓이 나있다
붉은빛으로 물든 몸에
고향 땅 다랭이논 같이
어설픈 모양의 공간이 보인다

숲에 사는 애벌레가 창을 냈나보다
그 창窓으로
소소한 가을바람 한 줄기가 지나가고
아기자기한 삶의 이야기 한 소절 담겨있는
세상 풍경이 살아있다

그 창으로 세상을 본다
참 아름다운 세상이다
눈 안 가득 밀려드는 쪽빛 하늘
조각난 풍경이 묘하게 조화를 이루는
파란 하늘의 구름은
뭉게뭉게 양털구름이다

유년의 숲을 가다

가을나무가
울긋불긋 예쁘게 치장하고
산기슭 따라 내려오고 있다

어린 소년이
손을 흔들고 있다
산길을 가다가
키 큰 상수리나무를 만나
몸을 기댄다

어디선가
재잘대는 소리가 들린다
단풍 빛이 능선을 따라
가을산을 내려오고
낯익은 아이가 맨 앞에서
멋쩍은 웃음을 웃고 있다

가을이 성큼성큼
산을
내려오고 있다

눈물이 꽃 피우다
- 우수에 내리는 눈

제 시절이 이미 지나간 줄도 모르고
우수雨水에 찾아온 봄눈은
미처 땅에 내려와 보지도 못한 채
녹아 버린다

대동강을 꽁꽁 얼렸던 기세도
무장해제 시켜버린 봄기운에
벚꽃같이 하늘하늘 내리던 눈이
아픈 비명조차 지르지 못하고
나뭇가지에 앉자마자
속절없이 녹아내리는

아, 그 아픔이
목마른 가지에 생수가 되어
꽃눈을 열게 하고
아름다운 꽃망울이 터지게 한다
녹아내리는 눈물이
꽃을 피우는 아름다운 눈물이다

주름잎풀꽃

존재의 정의는
스스로의 언어가 아니라
외부의 힘에 의해서 정해진다

잡초는, 인간의 힘에 의해서 정해진 존재다
속에 간직한 가치와 아름다움
제아무리 지고지순한 존재라 할지라도
인간의 욕망을 충족해주지 못하면
무참히 짓밟히고 버림받는
슬픈 존재

아침이슬에 함초롬히 젖은
저 순수의 고운 입술,
고추밭 이랑에 숨어 피는
주름잎풀꽃이 뿌리채 뽑혀 나간다
저 여리디여린 풀꽃이
소박한 삶의 공간에서 쫓겨나
슬피 우는 소리
밭두렁이 흥건히 젖는다

* 주름잎은 잎에 주름이 있어 붙여진 이름이다.
 "잡초는 없다. 오직 야생에 존재하는 아름다운 들풀이 있을 뿐이다." 인디언들의 들풀 존재론이다.

그날이 오면

새봄이 온다는 소식을
아직도 못 들었는지
대학로에 있는 사내는
검은 외투 깃이 무겁다

모자를 쓰고
두 손에 책을 펼쳐 들고 있지만
책 읽는 소리도
책장을 넘기는 소리도 들리지 않고
차가운 바람만 옷깃을 스친다

언제쯤일까,
상큼한 봄바람에
연둣빛 옷깃 펄럭일 날이
그날이 오면, 흰나비 날갯짓에
책장 넘어가는 소리 들리고
이 어두운 거리에도
풋풋한 사랑 노래 들리겠지

꽃별 뜨다
- 돌나물꽃

태곳적 적막이 깃든 돌무덤에
누가 있어 웃음이 될거나
어느 날, 한 줄기 빛이 찾아들더니
칙칙한 어둠에 초록빛 소망이 움트고
저리도 환한 별꽃을 피웠구나

캄캄한 하늘에
하나둘 별이 뜨기 시작하니
초롱초롱 빛나는 별밭이 되고
소망이 흐르는 은하수가 되었구나

삶에 지치고 찌들어
무너진 마음밭에 너 들어와
한 송이 웃음꽃 피우니
하나둘 모여드는 얼굴에
꽃별이 뜨고
세상은 온통 별밭이 되었구나

숲속에 커튼을 달다

가을이 깊어
나무가 한 겹 한 겹 옷을 벗으면
숲에는 외로움이 는개처럼 내린다

스산함이 숲을 슬프게 한다
바람이라도 한 줄기 불어오면
나무들은 으스스 몸을 떤다
바람막이 커튼이라도 있으면
그 긴 겨울을 떨어야 할 나무들에게
작은 위로가 될 텐데

대여섯 살 고사리손들이 분주하다
땅 위에 뒹구는 나뭇잎을 엮어
부지런히 나뭇잎 커튼*을 만든다
달려오는 바람을 막아서서
오던 길로 되돌려 보낸다
나뭇잎 틈새로 내리는 햇살에
숲은, 엄마 품처럼 따스하다

* 늦은 가을 아이들과 함께 숲속에 나뭇잎으로 만든 커튼을 달다.

뒤태
– 남산제비꽃

남산제비꽃은
순수하고 평범하다

남산제비꽃은
뒷자락에
분홍빛 선을 넣고
그 선을 따라 달콤한 꽃향기
깊어가는
은근한 매력을 풍긴다

숨 가쁘게 살아온
영광의 날들보다
떠나는 날
뒤태가 고운 삶을
꿈꾸어 본다

연꽃 향기

하늘 향해 가슴 열고
간절함으로 빚어 올리는
푸른빛 기도

"이리 좀 와 보세요.
 향기가 너무 좋아요"

푸른 대궁 위에서
속가슴 살며시 보여주는
연분홍 꽃은
그대 코끝에서 가쁜 숨을 쉬고

"흐읍 흡,
 당신 향기 닮았네"
그대는 수줍어 볼이 붉고
연꽃 향
솔솔바람으로 불어온다

가을 언덕에서

가을하늘이 깊다
계절이 가는 길목에서
한 그루 상수리나무가
높게 넓게 팔을 벌려 춤을 추고 있다

하늘에는 뭉게구름이
억새꽃 하얀 손짓 따라 흐르고
해는 서서히 서쪽으로 기우는데
나무는, 한 겹 한 겹 옷을 벗는다

오늘, 너의 발걸음은 어디로 향하는가
먼 길 떠나오느라 부르튼 발바닥
얼마를 더 가야 끝이 보이려는지

숙명처럼 계절이 가고
서산에 해지듯이 넘어가는
가을 언덕에서
다시 걸어야 할 길을 바라본다
긴 숨을 쉬고 있다

숲속 연주자

비 오는 참나무 숲에서는
타악기 연주가 한창이다
빗방울은 하늘의 연주자
갈참나무는 숲이 만든 아름다운 악기

하늘에서 내려온 빗방울이
제일 높은 곳에서 북을 울리면
수만 나뭇잎이 긴장의 현을 당기듯
최고의 음을 찾기에 분주하다

두두두두 다다다다닥
나뭇잎 층을 따라 점점 여리게
포르테에서 피아노로 다시 피아니시모로
한층 낮아질 때마다
가슴에서 영혼으로 스며드는
숲의 노래를 듣는다

빗방울이 연주하는 북소리가
땅 위에 누울 때
세상은 고요하고 영혼은 평안하다

겨울숲

겨울숲에는
고요 속에 적막이 살고
겨울숲에는
아득한 고향의 추억이 있습니다

겨울숲에는
외로운 산짐승 울부짖음이
겨울숲에는
돌아오지 않는 아픈 사랑이 있습니다

겨울숲에는
시리도록 파란 하늘
그 텅 빈 자리에 심장처럼
찔레나무 빨간 열매
가난한 겨울 산새를 향한 그리움이 있습니다

겨울숲에는
새봄을 꿈꾸는 눈빛이 살고
겨울숲에는
온몸으로 지키는 겨울눈,
그 소망이 도란대는 푸른 꿈이 있습니다

눈동자

하늘하늘 피어 있는
키 작은 꽃을 만났다
그 앞에 겸손히 무릎 꿇고
허리 구부려 들여다보니
동글동글한 꽃잎 속에
하늘빛 호수가 들어있다

십여 년을 함께 살던
하얀 말티즈가 뛰놀고 있다
눈동자에 담긴 까만 호수
떠날 때 흘린 눈물 한 방울은
호수를 가득 채웠던 물을 쏟음이다

꽃마리* 품고 있는 하늘빛 호수
사롱이* 눈동자에 담긴 까만빛 호수
오늘은 꽃빛 고운 눈빛으로
봄바람이 살랑대고 있다

* 꽃마리는 들에 피는 봄꽃으로 연하고 맑은 하늘빛 풀꽃
* 사롱이는 함께 산 지 십 년 된 날 2020. 2.20일 별나라 간
   말티즈.

빨간 장미, 울타리를 넘다

봄바람이 막 지나가는
오월의 마지막 날
빨간 장미꽃이
울타리를 넘고 있어요

텅 빈 운동장엔
아이들 웃음소리 사라지고
장미꽃을 보아줄 소녀들이
보이지 않아요

이 봄이 다 가도록
아이들의 발소리 들리지 않아
애가 탄 장미꽃
울타리 밖으로 고개를 내밀고
두리번두리번
아이들을 찾고 있어요

* 창궐한 코비드 바이러스로 학교 운동장이 텅 비었다. 2021. 5. 31.

가을에 피는 민들레

샛노란 민들레가 가을 산자락에 피었다
'이상하다 민들레는 봄에 피는 꽃인데'
제철도 모르냐고 무엇 하다 이제 나왔냐고
게으르다고 나무라지 마라
무슨 사연이 있어 피었는지도

어디선가 나비 한 마리가 날아온다
그랬구나, 철 늦은 나비를 품으려
황금빛 웃음으로 기다렸구나

"이제 곧 날이 추워져요"
산들바람이 달려가며 서두르라 한다
한 생애에 반드시 맺고 가야 할 사명이라
늦었다고 포기하지 않고 꽃피는
가을 민들레

하늘의 태양도
뭉게구름 닮은 배추흰나비도
가을 민들레의 친구가 되었구나

단풍잎돼지풀

꿈을 안고 먼 나라에서 찾아왔어요. 낯선 땅에는 이미 주인이 쳐놓은 울타리가 있어, 칼날 같은 경계의 눈빛을 피해 자투리땅에 겨우 뿌리를 내렸지요. 자손의 미래를 위해 손발이 부르트고 허리가 휘어지도록 땅을 일구고 메마른 흙을 부여잡고 꽃을 피웠어요. 척박한 땅에서 난쟁이처럼 낮게 살며 한 뼘 한 뼘 터전을 넓혀 왔어요. 어느 날, 이제 겨우 허리를 펴고 살려는데 외래종, 환경위해종, 생태계 파괴식물이라는 혐오적 존재로 재단하고 우리를 이 땅에서 떠나라 하네요.

하와이 사탕수수 농장에서 노예처럼 땅을 일구며 내일을 꿈꾸던 우리의 아버지와 형제들, 날카로운 풀잎에 베어 흘리던 핏방울, 석양을 붉게 물들이던 그 삶을 생각합니다

살아남은 존재만이 미래를 만들 수 있는 것
오직 살아남기 위해 몸부림치는 삶,
그것은 죄가 될 수 없습니다

* 단풍잎돼지풀은 잎이 단풍잎처럼 생겼다고 해서 붙여진 이름이다. 외래종으로 생존력과 번식력이 강하여 생태계를 파괴하고 있다고 '환경위해종'으로 지정 제거하고 있다.

애기나팔꽃

가을바람 상긋한 아침입니다
창을 열고 힘든 여름 잘 견뎌왔다고
초록빛 아이들과 인사를 나눕니다
저 끝에서 들리는 처음 듣는 소리에 둘러보니
실처럼 가느다란 줄기를 따라
하, 너무 작아 앙증맞은 눈빛으로
다소곳이 피어 있는 뜻밖의 손님
애기나팔꽃이 웃고 있어요

어느 날, 반가운 손님이 찾아온다면,
그것도 작고 반짝거리는 눈망울로
방긋방긋 웃어주는 작은 아이라면
얼마나 기분 좋을까요

맑고 여린 모습으로 찾아와
청아한 목소리로 부르는 노래
'길고 긴 무더위, 흉흉한 기운에 빼앗긴 일상'
잘 견뎌왔다고 수고했다고
뚜우 뚜 뚜뚜 뚜우뚜
애기나팔을 불고 있어요

* 베란다 화원에 작고 예쁜 애기나팔꽃 피다. 2021. 9. 3. *

제2부

맹꽁이 새벽에 울다

왜,
우리 사랑에는
열매가 없지
~~~~~~~~~~
우리 사랑은
언제쯤
맛있게 영글 수 있을까

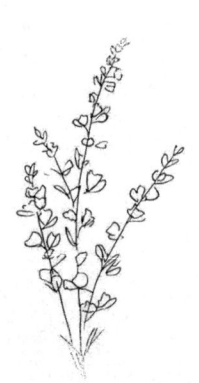

담

사랑한다 말하면서도
다가오지 못하도록
한층 한층
담을 쌓고 있었다

왜,
우리 사랑에는
열매가 없지

너와 나 사이에
볼 수도 넘을 수도 없는
담이 높아져 간다

우리 사랑은
언제쯤
맛있게 영글 수 있을까

단풍잎 마르다

가을 숲에서 만났습니다
수줍게 물든 미소가 아름다워
마음을 주었습니다
곱게 모셔와
보고 싶을 때
만날 수 있는 기쁨이
오래오래 가라고 고이고이 간직했습니다

찬 바람 부는 어느 날
그리움의 창을 살며시 열어보았습니다
따뜻한 미소 촉촉한 입술을 기대하며
설레임으로 열어보았습니다

어디로 갔을까
빛 고운 모습은 보이지 않고
서걱거리는 마른 기침 소리만 들립니다
희미한 기억의 불빛 너머로
스치듯 지나가는 뒷모습이 서늘합니다

바다거북을 사랑한 소녀

예쁜 소녀가 병상에 누워있다
삶의 버거운 짐을 지고
산소마스크 아래에서 가쁜 숨을 쉬며
하와이 앞바다 바다거북을 찾고 있다

한 사람이 책을 읽어주고 있다
해변을 거닐며 바다거북 이야기를 하고
소녀의 눈가에 한줄기 눈물이 흐른다

언젠가는 떠나갈 줄을 알면서도
오늘은 아니라고, 어쩌면 그날이
아주 먼 훗날일 것이라고,
지금 함께 있어 행복하다고

바다거북이 바다를 향해
홀연히 떠나는 날
아픈 사랑이라도,
사랑은 행복하다고
흘리는 눈물이 뜨겁다

* 이언희 감독 임수정 김래원 주연 영화 '....ing'을 보고 *

꽃을 보면 아프다

세상은
꽃 잔치 속에
웃음꽃 만발한 데

그대 홀로
먼 길 떠나보내면서도
잘 가라 손 한 번 흔들지 못하고
바보처럼 울고 있던
나는, 꽃을 보면 아프다

그대 떠나간 그 길에
비단길 펼쳐주는 꽃잎이 야속하다
사랑하는 그대 내 곁을 떠났는데
내 눈에 이미 눈물이 말라
울지 못해 가슴 치는데

철없이 웃고 있는
꽃을 보면
너무 아프다

* 고 최0훈 집사 장례식에서. 2020. 4. 7 *

캔버스 앞에 서다

저 멀리서
바람이 불어온다
그 안에
장미꽃 향기가 담겨 있다

한 마리 나비가
꽃을 찾아다니다
캔버스에 앉았다

달콤한 목소리가 들려온다
그리움이 한 움큼 담겨
양귀비의 입술로 다가오다가
뒤돌아 모란의 품성으로 앉아 있다

그곳에는 아직도
마음에만 품은 꽃이
한마디 말도 못 하고
가쁜 숨을 쉬고 있다

사랑에 대한 소고

사랑에는 기쁨을 주는 사랑과
슬픔이 되는 사랑이 있다
한 뿌리에서 나온
닮은 듯 서로 다른 형제다

사랑은 누구나 한 번쯤 겪고 가야 하는
인생사 한 부분
아픈 사랑이 더 깊어 보이고
이루어지지 못한 사랑이
더 아름다워 보이는
사랑의 역설

사람아!
아픈 사랑은 인제 그만
짧은 인생길에 눈물 그만 뿌리거라
생각하는 것만으로도 설레고 웃음 번지는,
꽃잎 벙글어지는 사랑
그런 사랑,
지금은
그런 사랑이 고픈 시절이라

사랑의 거리

일만 리 밖에 서 있어도
그대 향기 전해지는
멀어서 가까워지는 거리

봄꽃 피고
가을꽃 지는
그 세월이 걸어온 거리
오늘 걸어도
또 걸어야 하는 이유

오늘도
저만큼 바라보아야 하는
넘실거리는 파도
평생을 달려와도
닿을 수 없는 사모의 거리

사랑은
멀리 있어서 가까워지는
설레임 물결치는
그만큼의 거리

그대꽃

그대꽃은,
'그대는 꽃이다'가 아니다
오롯한 존재가치를 가진
고유명사다

그대꽃은
나만을 위하여 피우는
달뜬 그대 숨결
그대만이 피울 수 있는
푸른빛 향기

그 꽃은
언제나 내 곁에 있다
다만, 나는
눈을 뜨고 바라만 보면 되는 것
그저 꼬옥 안아주면 되는
나만의 그리움

조율 1

목련꽃 곱게 피어나는 봄날
깊이 잠든 기타를 깨워
하나하나 소리를 들어본다
선명하던 음색이 어디로 갔는지
나태한 하품 소리가 들린다

언제 다시 부르려나
기다리다 풀어진 느슨함을 탓하며
요리조리 달래보지만
이미 떠나버린 사랑을 찾을 수 없다

못 본 채 기다림을 외면하고 살았던
옹졸한 자신을 애써 모른 채 덮어두고
기다림에 지친 기타 줄만 탓하다
어긋나는 길에서 깊은 한숨을 쉬다

'아마도, 다 잊고, 잘 살고 있을 거야'
원망과 섭섭함이 묻어있는 속내를 숨기고
어제와 오늘의 무게를 조율하다 돌아보니
발걸음은 어느새 그 숲을 걷고 있다

조율 2

한 번 실패한 경험이 발길을 떨게 한다
이미 떠나버린 사랑이라면
찾아서 무슨 노래를 만들 수 있을까
일 번 줄에서 육 번 줄까지 모두 바꿔
새 음색의 노래를 만들어 볼 참이다

미라레솔시미 개방 음에서
피아노에 맞춰 음을 조율한다
각기 다른 두께와 깊이를 가진
여섯 줄을 나란히 몸통 위에 묶고
다른 사랑에 내 사랑을 맞추려 한다

봄 여름 가을 겨울 한 해가 지나가고
또 다른 봄이 왔다
팽팽하던 긴장이 풀리고 느슨해진
내 삶의 줄을 풀고 당기다가
이미 기울어진 내 삶의 자전축에서
아직도 흔들리고 있다

마음의 기울기

긴 장마와 홍수로 세상이 물난리다
물은 넘쳐도 마실 물이 없어 또 난리다
요즘 세상은, 먹고 마실 것이 넘쳐나는데
배가 고프다 목이 마르다 아우성이다

삶이 참 고단하다
품은 것은 많아도 허전하고
사람은 많아도 늘 외롭다
나의 고집과 자만이 찾아오는 길목의
틈새를 다 막아버리고 있지나 않은지

오늘,
세미한 음성을 듣는다

생수 가득한 옹기 항아리
낮은 곳으로 기울여 흐르게 하라
메마른 사막에 생명이 움돋듯
그 마음의 물이 흐르는 자리에
향기 고운 들꽃 한 송이가 피게 하라
심금을 울리는 빛살 고운 사랑이
움돋을 수 있도록

어느 날 문득

어느 날 문득
"미안하다 미안하다"
들을 수 없는 그대에게
고백하고 싶은 날입니다

먼 나라에서 밀려오는 외로움도
당신 생각에 이겨낼 수 있다던
너의 목소리 이 밤도 들리는데
끝내 외면하고 변명해서 미안하다
너를 위한 결단이었다고

오늘도 보고 싶다는 말
온 힘으로 견디고 있다고
독백처럼 되뇌고 있는 밤
창가에 달빛 떠나지 못하는데
결국, 또다시 문을 닫고 돌아서는
내가, 너에게 미안하다

너의 마음을
못 본 체 살고 있어
미안하다

상처

어느 날,
가슴 철렁이게 하는 메시지를 받았다
"큰 상처로 남았어요."
나로 인하여 받은 상처가 크다는

오늘 문득 그 상처가 보인다
남으로부터 받은 상처
몸과 마음을 다친 상처의 아픔은 크다
그보다 더 큰 상처는 소외당하는 아픔
믿었던 사람으로부터 부정당하고 있다는 생각
스스로 만들고 키워가는 상처가
더 가슴 저리게 한다

그 상처를 가만히 들여다본다
상처의 원인과 책임이 아닌
찢어지고 부르튼 상처
그 자체를 보니
참 먹먹하다

그 상처를 아파하며 위로해야 하는데
오늘, 덧난 내 상처가
왜 이리 아프기만 한지

사랑은 피보다 진하다

'피는 물보다 진하다'
어느 대학교수 강연주제다

'부부간의 관계는 헤어지면 남남이 되는 관계지만, 부자지간이나 형제지간은 혈연관계 한 번 맺어지면 끝까지 벗어날 수 없는 운명의 관계' 강연의 주요 내용이다. 어느 날, 그 강연을 전해 들은 부인이 하는 말 '그래요 몇십 년을 산 우리는 헤어지면 그뿐이지요. 한평생을 산 우리 애정은 아무것도 아니지요.'

근엄한 교수 백배사죄했다는 말에 친구가 혀를 차며 하는 말 "그렇게 쉽게 사과하면 되나. 나 같으면 '당신은, 사랑이 피보다 진하다는 사실을 모르는구먼' 하고 응수했겠네"

피는 물보다 진하지만
피보다 진하다는 사랑을
왜, 우리는 그리 쉽게 생각하고
상처를 주고받는지
오늘은, 하늘도 슬픈 회색빛이다

* 김형석 교수의 글을 보고. 2020. 12. 8 *

쓸쓸한 계절에 그대 떠나고

가지를 떠나
메말라가는 나뭇잎
바스락거리는 소리
떠나간 그대 발걸음 소리다

이 쓸쓸한 날에
홀로 두고 떠나시는 그대 발걸음
차마 떨어지지 않아
바스락바스락 가슴 언저리
살며시 디뎌 밟는 소리다

아, 누구도 찾아오지 않는 날
떠나간 그대 생각에 눈물이 난다
어이할거나, 너무 춥고 시린 계절에
쓸쓸히 떠나간 그대
지금은 어드메서 떨고 있을까

빛바랜 벤치에
덩그러니 낙엽 하나 눕고
가슴 저리게 슬픈 이 길을
또다시 계절이 가고 있다

매미의 안부

종일토록 장대비가 내린다
거친 바람 등쌀에 나무들이 몸살을 한다
창문을 닫다가 문득,
온몸으로 비바람을 견디고 있을
매미의 안부가 궁금하다

긴 세월을 흑암 속에 살다가
이제사 육탈을 하고 세상에 나왔다
어둠 속에서 견딘 세월보다
지상에서 빼앗긴 이 시간이 더 서러워
혼신의 힘으로 사랑가를 부르던
매미가 비바람 속에 잠잠하다

허락된 시간 내내 태풍으로 상처 입고
빼앗긴 꿈을 바라만 보기에는
견뎌온 삶이 아까워 포기 못 한 채
지금 어디선가 흠뻑 젖은 몸으로
으스스 떨고 있지는 않을까

풀이 젖고 나무가 젖는다
매미의 노랫소리가 젖고
매미의 꿈이 젖는다

행복, 그 한사람이 있어

길을 갈 때나
병들어 누워 있을 때나
소중한 것은 역시 사람이다

늘 아내의 손을 잡고 출근하는 남자가 있다. 사고로 앞을 보지 못하는 아내의 눈이 되어 출퇴근시켜주던 남편이 어느 날, 오늘부터는 당신 혼자 가라고 한다. 남편 손을 잡지 않으면 늘 안절부절못하던 아내는 불안한 마음에 숨이 가빠지고 헛걸음질이다. 처음에는 몇 번을 넘어지고 비틀거렸지만 이제는 혼자서도 버스를 타고 내려 직장을 찾아가는 데 익숙해졌다. 이렇게 홀로 설 수도 있구나.

어느 날, 혼자서도 익숙하게 버스에 올라 앞자리에 앉은 아내에게 "훌륭한 남편을 두어 복이 많아요" 버스 기사의 감동받은 목소리다. 혼자인 줄 알았던 그 시간에도 늘 아내와 함께했던 남편의 숨소리가 가슴 속에 두 방망이 치는 날, 어둠 속에서 빛나는 사랑이 보인다.

행복은, 사랑의 또 다른 말
험난한 세상 길 가는 동안
두 손 꼭 잡아 버팀줄이 되어줄
사람, 그 한사람이 당신이어서 참 좋다

사랑은 너무 흔하잖아요

한국 프로야구의 자존심 박철순, 불사조가 강적을 만나 강속구를 뿌려댄다. 22연승을 거두는 그 순간순간 던지던 그의 강속구는 어깨와 팔이 아니라 불굴의 의지와 집념에서 솟아나는 힘이다.

그가 오늘 처음 보는 강적을 만났다. 사랑하는 아내를 찾아와 괴롭히는 악마와 처절하게 맞서 강속구를 던지며 진검 승부를 펼치고 있다. 회가 거듭할수록 전면에 나서 싸우는 것은 결국 아내 몫이라는 사실에 눈물을 흘린다. 28차 항암치료를 받으면서도 버티는 연약한 여인의 의지 앞에서 아무것도 할 수 없어 눈물 흘리는 불사조가 고백의 편지를 보낸다.

"사랑은 너무 흔하지 않아요?
 그보다 더 큰 것은 없을까요?"
사랑보다 더 진실하고 위대한
그 무엇을 찾는
불사조의 절규가 아프다

* TV조선 스타 마이웨이 박철순 편을 보며. 2021. 1.10 *

기다림

어느 날
그대 떠난 거리에서
바람을 맞는다

약속 없는 그대
행여 올까
선물처럼 달뜬 목소리
들을 수 있을까
기다리다 기다리다
마음이 젖는다

만날 수 없는 기다림이기에
더욱 아프고 소중한 것
거리를 휘몰아치는 바람이 차다
언제 겨울이 가고
꽃 피는 봄이 오려나

한 그루
겨울나무
먼 하늘만
우두커니 바라본다

맹꽁이 새벽을 울다

지난밤
천둥번개에 비바람 불더니
이 새벽
하늘은 먹빛 구름이다

노량진역에서 맹꽁이가 운다
지난밤 놀란 가슴인가
혹여 헤어진 사랑을 부르는가
철로 변 야적장에서
맹꽁맹꽁 꽈악 꽉 울어댄다

"잘 살 테니 너무 걱정 말아요."
마지막 인사에 말 한마디 못하고
돌아설 때 얼핏 보았던 얼굴이 붉다
"보고 싶다 보고 싶다"

이 아침
철길 따라 맹꽁이가 울고 있다

제3부

나미브사막에
　　거저리가 산다

길섶에 피어 있는 작은 들꽃을 만나
도란도란 삶의 이야기를 나누고
징검다리 중간에 주저앉아
닳아버린 징검돌을 다독여 주며
평생을 밟히며 살아온 삶의 이야기
그 뿌듯한 감동의 이야기 들어보며
차라리 멈춰서 숨을 고르고

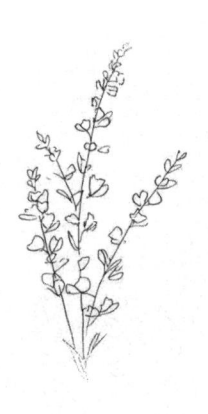

할머니의 배낭

차마 초록빛 산천을 볼 수 없어
굽은 허리로 세상 길을 간다
세월이 씌워준 굴레 거부할 수 없어
낡은 배낭에 가득 담고
할머니가 지하철에서 졸고 있다

배낭을 멘 굽은 등 위에
여든두 해 세월의 무게가 무겁다
오늘은, 산나물을 팔러 모란시장 간단다
할머니는 산나물을 팔아야
한의원에서 침을 맞을 수 있다고
슬픔처럼 말한다

"어서 가야지, 어서 죽어야 할 텐데"
푸념 섞인 목소리엔 삶의 애착이 있다
세상은 온통 눈부신데
인생의 고단함은 깊은 골을 남기고
빛바랜 배낭에서는
아직도 가야 할 길이 멀다고
풋풋한 풀 내가 난다

창

안과 밖
단지 유리창을 하나
사이에 두고 있을 뿐이다

창밖에
우울한 비가 내리고
안에서는
여가수의 감미로운 노래가
커피 향에 그윽하다

창밖에는
모르는 사람들이 낯선 세월에
발걸음이 분주하고
안에서는, 아득한 날들에 젖어 있는
시인이 언어의 집을 짓는다

한 사람은 창밖에서
또 한 사람은 창 안에서
같은 시대에 서로 다른 세월을
삶이라는 이름으로
빚어가고 있다

눈물

십 년 전이다. 혼자 있는 아내를 위해 강아지 한 마리를 구해왔다. 그 작은 것이 슬금슬금 눈치를 본다. 버려진 아픔을 고스란히 담은 슬픈 눈을 가진 하얀 말티즈, 까칠한 성격 탓에 도무지 정을 줄 줄 모른다. 주인도 몰라본다고 가끔 투정을 부리던 아내는 언제부턴가 서로 이야기를 나누고 있다. 마치 어린 자식을 키우듯이 정성을 기울이고 때로는 어르고 야단도 쳐가면서 십 년을 함께 살았다. 침대도 거뜬히 뛰어오르고, 외출할 때면 같이 가자고 떼를 쓰고 돌아오면 반갑다고 짖어대던 모습, 산길 갈 때면 저 멀리 혼자 가다가도 다시 돌아와 꼬리를 흔들며 좋아하더니

새벽 세 시가 가까운 시간이다. 며칠 전부터 먹지 못하고 그 작은 배속에 들어있는 것을 다 토해내며 몇 모금의 물로 버티는 목숨이 눈물겹다. 축 처진 몸에서 가느다란 신음이 들린다.

이젠 제 몸 하나 가누지 못하고
축 처진 꼬리, 힘없는 눈동자가 안쓰럽다
옆에 누이고 굳어진 몸을 쓰다듬어주니
아, 그 슬픈 눈에 눈물이 흐른다
함께 산 우리의 세월이 이리 애틋하여 눈물이 난다.

* 사롱이 우리에게 온 지 십 년 되는 날 먼 여행을 떠났다.
  2020. 2. 20.

결혼식장에서

꽃같이 아름다운 신부가 꽃길을 걸어온다
푸른 나무 같은 신랑이 달려 나와
손을 맞잡고 꽃길을 간다

꽃길을 장식한 꽃들이 하얗게 웃고
자리마다 수많은 꽃이
향긋한 웃음을 짓고 있다

작은 유리병에 꽂혀
잘려진 아픔을 하소연하지 못하고
변하지 않는 웃음으로
신랑신부의 가슴에서, 꽃길에서,
하객들의 식탁에서 웃고 있다
이미 끊겨진 생명에 연연하지 않고
곧 버려질 운명일지라도
오늘은 웃어야 하기에 환히 웃고 있다

누군가를 기쁘게 하는 것은
때로는 나의 아픔일 때가 있다
나는, 잘린 채 화병에서 웃는 꽃이 될 수 있을까
나를 지르밟고 가는 발길을 축복할 수 있는 사랑,
그 아름다운 사랑을 할 수 있을까

길에 대한 생각

산길을 걷다가
인적이 뜸한 숲길을 만났다
누군가가 시작한 저 길이
이제는 찾는 이 없어
낙엽이 흔적을 지우고 있다

산짐승이 목이 말라
저 아래 계곡 어디쯤 있을
옹달샘 찾아가던 길
이제는 샘이 말라 산짐승도 떠나가고
바람만이 오가는 바람길이 되었다

꽃길 구름길 바람길
오솔길 골목길 숲속의 길 따라
추억이 휑하고 지나가고
눈물길 고생길 인생길 가는 동안
어쩔 수 없이 넘어야 할 고갯마루에서
털썩 주저앉아 잠깐 쉼을 얻는다

어디까지 가야 할까,
이 끝이 없는 세상 길
하얀 날개 펴고 새털구름 춤추듯 가는
하늘길, 그 파란빛을 따라가 본다

삶, 함께 가는 길

길 가다가 돌부리에 걸려
넘어졌다
앞서가던 사람이 뒤돌아 와
두 손을 잡아 일으켜 주었다

다시 일어나
마치 아무 일도 없었다는 듯이
길을 가다가
넘어져 우는 아이를 보았다
달려가 일으켜 주며
"와, 참 씩씩하다. 넘어졌는데 울지도 않네"

아이는 일어나서 나를 빤히 본다
곧 쏟아질 것 같은 눈물 대신
눈가에 빙긋이 미소를 띤 용감한 아이가 되어 있다

삶은 넘어지고
다시 일어서 가는 길이다
나의 손길, 눈길을 기다리는 사람과
함께 가는 길이다

공간과 채움, 그리고 비움

이십 년 전이다
경사진 산비탈에 세운 아파트
20층으로 이사 온 지 이십 년이 되었다
오늘 새벽 서재에서
서서히 밀려가는 어둠의 흔적을 본다

빛이 들어오니
숨어 있던 형상들이 하나둘 모습을 드러낸다
그 옛날 나만의 공간, 텅 빈 가슴이 좋았는데
사방에 가득 찬 형상들이 어지럽다
밀물처럼 밀려와 주저앉아 버린
이십 년 내 삶의 흔적들이 가득하다

무질서한 채움의 공간에서
무엇을 버려 비울 것인지 둘러본다
눈길이 닿는 곳마다 아련한 추억이
아, 어느 하나 소홀히 다룰 것이 없다
갑자기 방안이 부산하다
모두가 버림당할까 봐 눈길을 피한다
어쩌면 스스로가 버릴 수 없다는
당위성을 세우고 하소연하는 지도

질주
– 삶

주어진 길을 주어진 시간 안에 가야 한다면
지금부터는 질주의 시간이다
그 먼 길을 쉼 없이 달려왔는데
급하게 또다시 가야 한다니
아, 내가 살아온 날들이 숨 가쁘다

주어진 삶, 남은 시간을 어떻게 살까
어쩌면, 내가 가야 할 길은
내 발걸음이 멈춰진 길, 그곳까지가 아닐까

질주가 아니라
길섶에 피어 있는 작은 들꽃을 만나
도란도란 삶의 이야기를 나누고
징검다리 중간에 주저앉아
닳아버린 징검돌을 다독여 주며
평생을 밟히며 살아온 삶의 이야기
그 뿌듯한 감동의 이야기 들어보며
차라리 멈춰서 숨을 고르고

숲 바람 소리 새소리에 화음 맞춰 노래하며
느~릿 느~릿
걷는 길이 아름답지 않을까

나미브사막에 거저리가 산다

불모지, 나미브사막에 누군가가 산다
지표면 온도가 70도를 오르내리는,
생명을 포기한 지 오래된
나미브사막에 아득한 생기가 있다
뜨거움보다도 목이 말라 그 무엇도
생존할 수 없다고 포기한 땅에 생명이 꿈틀거린다
검정 갑옷을 입은 거저리가 모래언덕을 넘어
이른 새벽에 모래 산을 오른다

이슬 한 방울을 구하려고
해가 뜨기 전에 정상에 올라왔다
희뿌연 안개가 작은 몸을 감싸고
생명수가 한 방울 돌기에 맺힌다
하늘이 주신 감로수다

목숨이 소중한 것은
나미브사막 딱정벌레도 마찬가지다
생명은 존귀하기에 삶이 어렵다
이른 새벽 모래언덕을 넘는 거저리의 몸부림이
살아 있음의 숭고함을 외치지 않는가

* 나미브사막은 아프리카 서남부 나미비아 공화국의 해안가 사막지대로 한낮 기온이 40도, 지표면 온도가 70도를 오르내리고, 연평균 강수량이 13mm 정도

캐스팅

손자 손녀가 놀이를 시작한다
누나인 손녀가 감독을 맡아
각본을 짜고 배역을 정한다
누나는 엄마 역을 맡고
두 살 아래 동생은 아기가 배역이다

엄마는 아기를 침대에 누인 후
이불을 덮어주고 자장가를 불러준다
아기는 쌔근쌔근 잠이 들고
엄마는 노래를 부르면서 빨래를 갠다

이때, 할아버지가 들어선다
감독인 손녀가 "쉿!" 손가락으로 입술을 가린다
엄마 놀이에 할아버지는 역할이 없단다
캐스팅할 배역이 없다고 퇴장을 명한다
나는 오늘도 캐스팅되지 못했다

세상을 살면서 내가 설 자리가 어딘가
늘 좋은 배역을 찾아다녔다
번듯한 주인공 한 번 하지 못한 채
어느덧 은퇴하고 뒤안길로 밀려났다
오늘도 캐스팅에 실패하고 돌아서는
뒷모습이 섧다

나, 오늘 기뻐서 운다

어느 날, 슬픔처럼 비 내리고
세상은 심한 우울증에 시달리는 날

장미원에서, 눈물 머금고 흐느끼는
분홍빛 꽃 소녀를 만났다
가까이 다가가 어깨를 다독이니
참았던 눈물이 주르륵 흐른다

바람 한 줄기 불어오니
장미꽃이 환하게 웃는다
눈가에 촉촉이 눈물을 머금은 채
웃고 있다

세상에 역병이 불어 닥치고
폭염에 홍수에 기둥이 쓰러져도
우리 아주 무너지지 않으리라
언젠가 바람 한 줄기 불어오면
먹구름 흩어지리니
그날에 나 웃을 수 있기에

나, 오늘 기뻐서 운다

우연

평생 안 하던 일을 하려니 영 어설프다
아내가 비운 몇 날 동안
큰소리칠 때와는 다르게
떨리는 손길로 압력밥솥에 밥을 안쳤다
불을 조정하며 정성을 들여서인가
먹기 좋게 고슬고슬한 밥이 되었다
'아, 나도 밥을 잘 지을 수 있네.
 밥 짓는 것도 별 것 아니네'
넉넉히 지은 밥으로 몇 끼를 먹었다

다시 쌀을 꺼낸다
두세 번을 씻어 물 양을 맞추고
가스 불 위에 올려놓고 느긋이 기다린다
이전보다 더 맛있는 밥이 될 것을 기대하며
밥솥을 열어보니 가장자리가 노르스름하다
밑을 보니 이미 까맣게 타버렸다
'우연이었구나' 지난번 밥이 잘 된 것은
순전히 우연이었구나

그 우연을 과신한 덕에
누룽지 밥을 두 끼나 먹고 있다

만약에

작은 말
한마디에서
의미의 큰 간극間隙을 본다

가정假定의 말
'만약에'
희망인 듯 보이다가
절망의 그림자를 본다
기쁨인 듯 느껴지다가
슬픔의 탄식을 듣는다

만약에, 그 사람이 진실을 말한다면
한 사람이 민족의 영웅이 되고
만약에, 그 사람이 거짓을 말한다면
한 사람은 역적이 된다

한 사람이 말하고
여럿이서 그 말의 의미를 캔다
그 의미의 간극이 소름을 돋게 한다

다시 7번 방 앞에서

집행유예 선고 후
70여 일을 근신하고
오늘, 다시 7번 방 앞에 섰다

사각거리듯 건조한 음성
선언하듯 내리는 눈빛
피하고 싶어도 부딪혀야만 하는
시간이 눈앞에 왔다

창밖에는 비 내리고
심장박동이 호흡을 거칠게 한다
무심히 나를 내려놓고
오늘도 7번 방 앞에서 숨죽인 채
한없이 작아진 나는
그분의 음성을 기다린다

물처럼

가는 세월 잡을 수 없고
떠나는 인연
막지 못하는 것이
인생이라면

오는 세월 손잡아
함께 가고
다가오는 인연
가슴에 품고
더불어 살아가는 것

흐르는
물처럼
사는 것이라

가을 길에서

길을 가다가 한 사내를 만났다
길바닥에 누워 기진한 몸으로
가끔은 찾아와 흔들어주는 바람에
몸을 뒤척이는 모양새
널따란 몸새에 또렷한 이목구비로 보아
빛나던 한때가 있음 직해 보인다

물어본다
'철이 이른데 왜 벌써 내려와
길 위에 누워 하늘만 보는가'

가장자리가 검게 변한 것이
삶의 길에서 넘어지고 깨어진 흔적이요
살아오는 동안 후벼 파는 듯한 아픔이 있었음을
휑하니 구멍난 가슴이 말하고 있다

몸을 뒤척이며
삶의 흔적과 아픔을 말하는
한 잎 나뭇잎을 바라보며
한 사람이
가을 속으로 들어가는 것을 보았다

잊혀진다는 것

언젠가
오늘 내가 살고 있는
그렇게 자부심을 품고 살아온
흔적들이
이 세상 모두에게
잊혀지는 것은 아닐까

나의 사랑도
나의 꿈도
나의 업적도
나의 글도

분진같이 사라져버릴
그날을 위해
오늘
버둥대고 있는 것이 아닐까

꿈

어느 날이었다
한사람이 살 수 있는 최고의 수명
그 이상은 살 수 없다는 법이 있다고 한다
그날이 나에게 왔다
자연으로 돌아갈 그 날을 넘길 수 없다고
낯선 두 사람이 나를 데리러 왔다
휠체어에 앉아서 낯선 길로 가는 중이었다

나는 다급하게 스마트폰으로 문자를 보낸다. '나 먼저 갑니다' 아내에게 문자를 보내고 이제 몇 가지 아들에게 하고픈 말을 남기기 위해 전화번호를 찾는다. 작동 불능이다. 내가 쓰는 문자가 아니라 처음 보는 문자들이 자판을 두드릴 때마다 나타났다 사라진다. 아마도 이 세상에서의 시간이 다 소진되었나 보다. 완전히 외부와 차단된 채 오로지 혼자뿐이었다. 서서히 두려움이 몰려온다. 사랑하는 사람들에게 남기고 싶은 말과 몇 가지 직접 전해줘야 하는 소중한 것도 전하지 못했는데...... 이렇게 속절없이 끌려가고 있다는 것이 두렵다. 아, 나의 날이 다가오고 있다고 느꼈을 때 준비하지 못하고 설마설마하고 살았던 날들이 후회스러워 눈물이 난다.

어느 순간, 내가 숙명처럼 따라왔던 길이 어떤 거대한 음모, 세상 사람들에게 공통으로 적용되는 것이 아닌 누군가 몇 사람을 옭아매기 위한 음모라는 것을 알았다. 그러나 그때는 나는 아무것도 할 수 없었고 누구에게도 이 절박함을 전할 수 없었다. 안타까워 몸부림을 쳐 보았으나 목소리는 입 밖에 나가지 못했으며, 아무도 나를 주목해주지 않았다.

아, 그 아픔이란,
그 절박한 상실감이란
내가 사랑했던, 나를 사랑했던 사람들,
그 누구도 지금은 내 곁에 없다
그들을 부를 수 있는 언어도 내 입에 없다
눈을 들어보니
저 멀리 온통 옷을 다 벗어버린
사시나무 한 그루가 오돌오돌 떨고 있다

2013. 11. 25.

바다

바다는 참 너그럽다
달랑 두 음절밖에 안 되는 간극間隙*에
그 많은 물을 끌어안아
밀려와 부서지고 또다시 밀려오는 파도를 키우고
그 끝 모를 깊이를 담고 있는 넓은 가슴이다

일백칠십칠 센티미터 팔십 킬로그램의 거구에는
무엇이 담겨 있을까 생각하니
참 부끄럽다

불의를 보고도
슬그머니 눈을 돌리는 비겁함과
가야 할 길에서 슬며시 돌아서는 소심함,
기쁜 일에 함께 웃지 못하는 소갈머리
참 작아 슬프다

오늘도
나의 걸음이 이리 더디고
아직도, 가야 할 길은
참 멀다

* 간극間隙 : 어떤 사물 사이의 틈, 시간 사이의 틈, 형상 사이의 틈

기침, 삶의 몸부림

올겨울, 새로운 유행이 시작되었습니다. 유행이라면, 언제나 한걸음 비켜 서 있는 나도 올겨울 그 한가운데 서 있습니다. 얼마나 깊이 빠졌는지 잠을 자다가도 벌떡 일어나 목청껏 노래를 부릅니다. 목구멍까지 간질이는 유혹을 뿌리치지 못하고 침대가 들썩거릴 정도로 심한 기침을 해댑니다. 얼굴이 발갛게 달아오르고 한바탕 몸부림을 치고 나면 쏟아내는 속내의 시원함보다 가슴이 먹먹해지는 아픔으로 남습니다. 오늘도, 나는 유행의 한가운데 삽니다. 삶 구석구석까지 찾아온 거대한 손길과 수많은 인연의 굴레가 내 삶의 평온을 흔들어 댑니다.

그래, 숨길 것을 숨겨야지 심장이 터지기 전에 가슴 멍울이 온몸에 퍼지기 전에 기침하자. 몸부림치듯 재채기를 하자. 이제는 솔직해지자. 다짐하며 온몸의 기력을 모아 심한 기침을 합니다. 허나, 세상은 눈 하나 깜박이지 않습니다. '터지는 심장도, 가슴에 시퍼런 멍도 단지 너의 것일 뿐' 숨 가쁘게 하소연하는 나의 호소는 허공을 맴돌고 세상은 마른 잎을 흔드는 바람처럼 오직 제 갈 길을 가고 있습니다.

기침은, 오직 내 가슴으로 해야 하는 것
삶의 몸부림도 오직 내가 감당할 몫이라는 것

제4부

수신 없는 부고장

가슴을 가르고
드러난 상처 위로
국화꽃이 몽실몽실 피어난다
수수만 년 고요한 자연의 향과
깊은 생성의 비밀 가슴에 담아
담백하여 눈물 나는 꽃이 된다

돌도 꿈을 꾸니
꽃을 피운다
꽃돌의 이름으로

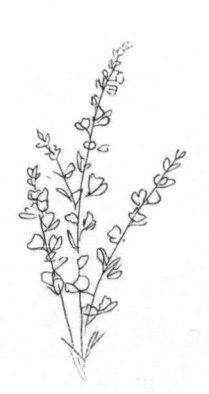

우엉차를 마시며

섣달에 부는 바람 끝이 차다
꽁꽁 얼어붙은 마음으로
황량한 벌판을 걸어간다
몇 잎 남은 꽃잎들이 바스락거림으로
존재를 드러내려 하나 향기가 없다

웅크려진 마음을 다독이며 문을 두드린다
공간과 시간 사이에 바람이 지나가고
묘한 긴장이 흐른다
여주인이 조심스레 차를 내온다
스스로를 다독이듯 우려낸 우엉차 한 잔
뜨거운 가슴을 찻잔에 풀어냈는지
받는 손이 고맙고 겨울 추위가 녹아내린다

강풍이 흔들고 지나가면
나무는 더 든든히 세워져 가듯이
상처를 덧내고 지나간 매운바람 사이에서
이제 연둣빛 소망을 꽃피울 날이
한 걸음 더 가까워지고 있다

고장난 벽시계

청소를 하다가 고장난 벽시계를 찾았다
예쁘게 디자인된 몸체에는
시침과 분침 그리고 초침이 멈춰있다
한때는 둥근 원을 그리며
한마음으로 열심히 돌았을 공간에서

각자의 길을 걷는 듯하나
어쩔 수 없이 얽혀진 인연 안에서
끌어주고 밀어주면서
한 세월을 가족으로 살았을 것이다

어느 날,
아무도 찾지 않는 구석진 자리에서
고장난 벽시계는 무엇을 생각했을까
멈춰버린 그 시간 속에서
해체된 사랑을 목말라하며
어떤 그리움으로 잠들었을까

한 해가 지나고
새날이 밝았는데도
종이박스 집에서 잠들어야 하는
거리의 사람들은 무슨 꿈을 꾸고 있을까
차가운 지하도 모퉁이에서

정인이가 운다

며칠 전 발톱을 깎다가
새끼발가락 발톱 밑에 상처를 냈다
비명소리에 붉은 핏방울이 맺힌다
양말을 신어도 쓰라리고
구두를 신으니 신음이 절로 난다

저를 낳아준 엄마도 모른다. 엄마의 젖을 먹고 사랑받아야 할 생후 16개월 정인이가 운다. 아무런 이유도 책임도 모르는 아기가 어미를 애타게 찾고 있다. 천진스러운 눈에 가득 고인 눈물, 정인이의 그 외침을 세상은 듣지 않았다. 얼굴과 온몸이 푸르딩딩한 멍 자국 쇄골이 부러지는 고통이 얼마나 무서웠을까. 장부腸腑가 파열되는 순간을 정인이는 어떻게 견뎠을까

세상이 슬픈 것은
정인이의 눈물이 곧 잊혀진다는 것,
세월이 지나면
똑같은 슬픔이
또다시 찾아온다는 것이다

  * 정인이는 2019. 6월에 태어나 2020. 1월에 입양한 양부모의 학대로 2020.10.13 아픈 16개월의 생을 마치고 하늘나라로 갔다.

증발 3
– 증발을 택한 사람

어느 날, 갑자기 한 사람이 사라졌다
어디에도 흔적이 없다

문 씨는 사랑하는 아내와 두 아들을 가진 행복한 가장이다. 가족을 위하여 땀을 흘리며, 행복한 미래를 그려가는 멋진 아버지였다. 어느 날 아내가 집을 떠나고 삶의 의미를 잃었다. 두 아들을 늙은 어미에게 맡기고 세상을 방황하던 그는 스스로 증발하기로 결심하고 떠났다. 눈물로 기다리는 노모와 어린 두 아들을 애써 외면하고, 못난 자신이 부끄러워 마음의 문을 닫아걸고 세상에서, 사랑하는 사람들에게서 자신을 지워버렸다. 스스로를 용서할 수 없어 자기를 부정하고 자신이 존재하던 세상에서 완전히 증발해 버리기로 했다.

스스로 잊혀진 존재가 되려 발버둥치는데
왜 이리 슬픈지 눈물이 난다
늙은 어머니가 애타게 기다리는
고향 집 삽짝문이 자꾸만 아른거린다
'증발하고 싶다. 증발하고 싶다'
스스로를 지워버릴 수 없는
현실이 서러워 또 운다

구월을 맞으며

무덥다 무덥다
어서 가라 어서 가라
몰아치던 성화에 밀려서인가
여름날이 슬며시 가버렸다

어제, 온종일 내리던 장대비는
떠나기 아쉬워 흘린
세월의 눈물이었나 보다
오늘의 소중함을 감사하지 못하고
불평불만을 쏟아 놓는 삶이
아름다워야 할 인생길을
메마르게 하는구나

세월은, 머물러 달라 애원해도
제 갈 길 멈추지 않고
어서 가라 성화를 부려도
제 속도 높이려 서두르지 않는 것을
뻔히 알면서도
조석으로 애달아 함이 가엽다

수신 없는 부고장

한 사람이 세상을 떠났다
고고한 울음으로 이 땅에 찾아와
숙명처럼 주어진 삶을 살다
떠나는 날,
작별인사를 나눌 사람이 없다

김동석 백성남 이연자 류석환 강영수
노정현 짐창덕 김은숙 강형수
코로나19 무연고사망자 이름이다
어쩌면 그들은 이 땅에서 불리었던
아버지가 지어주신 그 귀한 이름
평생을 함께 버텨온 이름 석 자도 못 가지고 간다

낯선 이름으로 호명되어
화장로에서 태워지는 순간
그렇게 살려고 발버둥치던
이 땅의 모든 삶이 부정되어 버린다
자식도 형제도 거부하는 마지막 순간
존재하지 못한 존재,
수신인 없는 부고가 일간지에서 울고 있다

* 2021. 6. 15일 현재 코로나 19로 사망한 1,988명 중 연고가 없어 무연고 사망 처리한 자가 9명이다. 자식도 형제도 인수를 거부하는 아픈 사연 때문에 부고장의 발신인은 모두 가명이다. 수신인도 없다.

무인도

21세기에 코로나가 지구를 휩쓸고 갔다
사람과 사람 사이에 칸막이를 설치하고
눈빛도 얼굴도 마주하지 말라 한다
스스로 섬이 되도록 강요하는 세상이
참 거칠고 황량하다

이 아픔의 시대에 홀로 사는 사람이 있다
사람이 없는 무인도에 갇혀 산다
그곳에서는 감기도 혼자 앓고 고열도 혼자 버티며
뱃골부터 치솟는 기침도 오직 홀로 감당한다

이 무서운 공간을 벗어나고 싶어도
한 평 공간을 가로막는 문지방이 너무 멀고 높다
누우면 발끝이 닿던 문지방인데 문고리가 잡히지 않는다
몸부림치다 쓰러져 천정을 보니 너무 외롭다

아무도 손 흔들어주지 않는 그 길,
그 먼 길을 떠나자니 무섭다
세상천지 혼자서 버티던 슬픈 영혼
단 한 번 벗어날 수 있는 날을 생각하다
눈물을 흘린다
깊이 잠이 든다

* 2021. 6. 16 *

화火

아름다운 땅 캘리포니아가 해를 거르지 않고 산불에 떨고 있다. 무엇에 화가 났는지 시속 100킬로미터의 바람을 타고 만나는 모든 것을 삼키고 갔다. 유서 깊은 포도농장과 150년의 와이너리를 순식간에 잿더미로 만들어버리고 광기를 부려 사람들을 공포의 울 속으로 몰아넣고 있다. 수백 수천 년을 살아온 메타세쿼이아를 쓰러뜨리고 풀꽃들의 향기를 퀴퀴한 연기로 삼켜버리고 아름다운 풀벌레 소리도 다 살라버렸다.

그 불길이, 나를 소멸하는 불길이 일어나고 있다. 갇혀진 우울 속에서 자신을 주체하지 못하고 소리를 높이는 분노가 불길을 키우고 있다. 때로는 절망하고 낙심하다 울부짖기도 하고 가장 사랑하는 사람을 무섭게 할퀴기도 한다.

혼돈과 불확실성 시대를 살아가는 불안한 사람들의 화가 거리를 태우고 관계를 태우고 사람을 태운다. 꿈을 꿀 수 없어 슬픈 젊은이들이 쓰러지고 있다. 세상이 온통 잿빛으로 변하고 뿌연 연기로 뒤덮여가고 있다.

하늘을 날다

오늘,
나에게 일어나는
기적이 하나 있다면
내가 하늘을 날고 있다는 것이다
기류를 타고 수만 피트의
하늘을 날고 있다는 사실

이 어마어마한 높이에서
천하에 단 하나밖에 없는
목숨 줄을 띄워놓고
속 편하게
잠을 잔다는 것이다

파란 하늘에서
평화를 찾았다는 외침이다

게르 1
- 초원 위의 하얀 집

생명에 빛깔이 있다면
그것은 무슨 빛일까
나뭇잎 사이로 흐르는
오월의 바람 그 푸른빛이 아닐까

몽골 땅에 주신 최고의 선물은
푸른 초원이다
하늘이 직접 가꾸시는 땅
흔적을 새기려 머물지 말라고
자유와 기쁨을 누리라는 선물
광활한 초지에 양무리가 한가롭다

떠나는 것이 인생이라고
그날이 언제라도 훌훌 떠나리라
푸른 초장에 둥근 하얀 집
오늘도 떠날 준비가 되어 있다

삼청동에 가을이 들다

구부러진 삼청동 길을 가을이 가고 있다
언제부터인지 하나둘
가을바람 등에 진 사람들이 모여든다

쑥부쟁이 수줍은 웃음으로
한 여인이 들어와 시를 읊는다
아침이슬이 뚝뚝 떨어져 맑은 노래가 된다
산비탈에 선 산사나무 닮은 사내가 흔들린다
외로움을 달래려는 듯 고향 이야기
빨간 열매를 손 가득 담았다

가을 나무 사이로
가로줄 세로줄 은빛 그물 촘촘히 걸어둔
무당거미 한 마리 배가 불렀다
두둑한 저 배에서 어떤 시가 나올지
모두가 귀를 기울이는데
풀벌레 풀어놓는 노랫가락에
가을이 한 걸음
더 가까이 오고 있다

청송 깍두기

십일 월 초하루
청송 용전천 천변식당에서
국밥 한 그릇을 먹는다

깍두기가
사과 향을 머금었다
사각사각 씹히는 맛이
영락없이 사과다

청송에서는
깍두기도
사과 맛이 난다

청송에서 얻은
나의 시에도
새콤달콤 사과 맛이 난다면

* 청송 사과 축제에서. 2019. 11. 1.

꽃돌의 이름으로

수백만 년을
어둠 속에 갇히어
꿈을 꾸었다

무엇이 되겠다는 욕심은 없다
그저 세상에서
한 송이 꽃이고 싶다

가슴을 가르고
드러난 상처 위로
국화꽃이 몽실몽실 피어난다
수수만 년 고요한 자연의 향과
깊은 생성의 비밀 가슴에 담아
담백하여 눈물나는 꽃이 된다

돌도
꿈을 꾸니
꽃을 피운다
꽃돌의 이름으로

* 청송 수석꽃돌박물관에서. 2019. 11. 1 *

여승

둥근 나무 채가 힘에 겨운가
징을 치는 여승의 기침 소리
징 소리에 묻히고
갸름한 얼굴에 무심히 흐르는
인생의 고뇌가 애처롭다

무엇이더냐
세상을 등질 수밖에 없었던
그 사연이, 아직도 남아 있는
인간사 질긴 인연에
그리 힘겹게 콜록이는가

일백팔 배
엎드린 등 너머로
목탁 소리 염불 소리만
속세를 넘나드는구나

창가에 앉아

한여름 무더위가
매미 소리마저 잠잠하게 하는 날
푸른빛 드는 창가에 앉아
한 권의 책을 읽는다

창밖에 미세한 바람이 일어
잣나무를 타고 오르던 덩굴 잎이 흔들린다
나는 창가에 앉아 시를 읽는다

며칠 전
한 여인이 보내온 시집이다

봄바람처럼 살랑대던 맑은 웃음 속에
곱게 살고팠던 소녀의 꿈이 피었고
외딴섬에 들어와 흘리던 고독의 눈물,
넓은 들판 홀로 핀 솔체꽃에 맺힌 이슬방울
하늘빛 슬픔이 파르스름한 무늬처럼
가슴에 새기며 살던 상처가 보이는

그 여인의 은밀한 속내를 읽어 본다

상처

주산지 가는 길에 외로운 비명이 산다
온몸에 상처를 입은
소나무가 산비탈에 서 있다

미안하다
살을 저민 상처 위로 흐르던
너의 피를 탐해 미안하다

어찌하랴,
가난이 죄라 하기에는
한 생이 가도 치유되지 않는 아픔
오늘도 울고 있는
너의 눈물 닦아줄 수 없어 미안하다

정말 미안하다
너의 눈물 보고도
아픔 없는 이 세대의 무정함이
정말, 정말 미안하다

---

* 1960년대 3년 동안 청송 주산지 가는 길에서 송진 채취를
  위한 흔적이 소나무에 빗살무늬로 선명하게 남아 있다.

세월, 눈물이 피워낸 꽃

'아, 역사의 뒤안길을 함께 걸으며 동백꽃도 피고 지고 울고 웃었네. 내 노래 내 사랑 내 젊음 다시 만날 수는 없어도 나 그대와 함께 노래하며 여기 있으니 난, 행복해요. 감사하여라' 가수 생활 육십 년 이미자가 오늘, '내 노래, 내 사랑 그대에게'를 부른다. 많은 세월을 엘레지의 여왕으로 살아왔지만 힘들고 견디기 어려운 시절이 더 많았다 고백하며 노래한다.

* '우리의 눈물은 이슬 되어 꽃밭에 내리고
　우리의 아픔은 햇빛 되어 꽃을 피웠네'

한평생을 꽃처럼 살았던 여인,
그녀의 인생 노래가 큰 위로가 된다
내 삶의 팍팍하고 허전함이
누구나 그렇게 살다 가는 것이라고
오늘 부르는 그녀의 노래가
나를 외롭지 않게 한다
오늘 짓는 이 웃음이
세월이 피워낸 꽃이었다고
그 눈물의 꽃이었다고 위로한다

* 1959년 데뷔한 노래 인생 60년을 맞는(1941년생) 이미자가 데뷔 60주년 신곡 '내 노래, 내 사랑 그대에게' 발표함.(2019) (음반 560장 노래 2,069곡으로 기네스북에 기록됨)

벚꽃, 바람에 휘날리듯

봄바람 불어
온 세상은 이리도 행복한데
벚꽃 바람에 휘날리듯
내 사랑 떠나갔네

그대 아득한 꿈길에서 돌아와
잠시동안 눈 떴을 때
나 곁에 없으면 얼마나 무서울까
홀로 둘 수 없어 떠나지 못했는데

어찌하여, 그대
나 홀로 두고 그 먼 길 떠나가시는가
눈에 눈물이 말라 피가 맺히는데
당신은 환히 웃는 꽃 속에 묻혀
홀로 길 떠나가시는가

하얀 국화 꽃잎 밟으시며
하늘하늘 꽃길 따라
뒤 한 번 돌아보지 않고
무정하게 가시는가

* 고 최○훈 집사님 장지에서. 2020. 4. 7 *

걸음동무
- 그 사람의 그 한 사람

세상에 있는 수많은 말 중
'걸음동무'라는 말이 참 좋다
같은 길을 가는 동무
어깨를 부딪치다 돌아서 씽긋 웃는
그 한 사람, 걸음동무

그는, 세상에서 성공한 사람이다
권력과 명예를 가지고
더 높은 꿈을 이루러 달려가는 길에
환호성과 박수갈채가 무성하다
수많은 사람이 동지가 되었다

어느 날, 막다른 길을 만났다
뒤를 돌아보니 아무도 없다
외로움에 으스스 떨던 그 사람
함께 손잡고 갈, 걸음동무
그 한 사람이 보이지 않는다
검은 배낭에는 슬픔이 출렁거리고
실패한 삶의 자리에서는 절망이 울고 있다

호젓한 산길을 걷는다
그들은 지금 다 어디에 있을까
혼자서는
더이상 이 길을 갈 수 없는데
길은 끝이 보이지 않고
걸음동무, 그 한 사람이 없어
퍽퍽 울다 잠이 든다

* '걸음동무'는 같은 길을 가는 친구, 동행
* 2020. 7. 10. 고 박원순 서울시장이 스스로 삶을 마감하다 *

본색을 드러내다

가을 산이
본색을 드러내고 있다
가슴에 고이 간직했던
색감을 솔솔 풀어내니
울긋불긋 단풍이 곱다
가을바람 소슬 불어오니
단풍객 발걸음 들떠 있고
온 세상이 웃음 가득하다

세상 사람들이
본색을 드러낸다
욕망과 아집으로 얼룩져
예쁘장하던 얼굴이 참 추추醜秋하다
마스크로 가렸던 민낯을 드러내고
붉으락푸르락 좌충우돌하니
바라보기 참 민망하다
세상이 어지럽다

* 가을에 단풍 드는 것은 본색으로 돌아가는 것, 엽록소의 푸른 빛으로 감춰져 있던 나뭇잎이 원래의 모습으로 돌아가는 것. 사람은 본색을 드러내면 참 추해보인다.

검정 마스크를 쓰고 숲에 가다

가는 비가 내리는 날
검정 마스크를 깊게 쓰고
숲에 나갔다

가을꽃들이 웃고 있다
함초롬히 빗방울 머금고
민낯으로 나와서 맞는
꽃들의 웃음이 곱다

'얼굴을 보여주세요
사부작사부작 가을비 내리는 날
찾아올 당신을 기다렸어요
환히 웃는 모습을 보여주세요
수줍을 나이도 아닌데
무엇이 그리 부끄러워 얼굴을 가리세요'

어쩌면, 검정 마스크보다도
더 검은 내 마음을 들킬까 봐
고운 꽃잎에 맺힌 눈물을 보면서도
서둘러 등 돌리니
참 염치없는 밉상이다

제5부

하늘이 열리고, 땅이 열리고

'풀은 마르고 꽃은 시드나
우리 하나님의 말씀은 영원히 서리라'
만물을 만드신 창조주께서 우리 육체는 풀이요,
그 모든 영광은 들의 꽃과 같다 하십니다
우리 인생의 무상함을
풀잎에 맺힌 아침이슬이라 하십니다

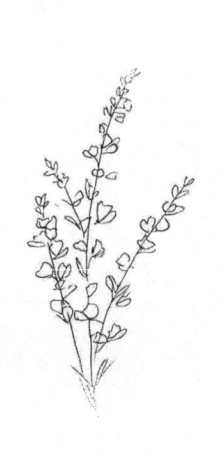

호렙산에서

파란 하늘 아래
나무와 풀이 있고
양떼들 울음소리 들리는 곳
호렙산에 바람이 붑니다

어느 날 눈을 뜬 모세처럼
밝은 눈을 뜨게 하소서
떨기나무 가운데 타오르는 불길을
바라보게 하소서

귀를 열어 여호와의 부르심을 듣게 하소서
낮고 묵직한 음성 따라 신발을 벗게 하소서
세상살이에 남루해진 옷을 벗게 하소서

새해에는
벌거벗은 몸으로
하늘 아래 서게 하시고
당신의 음성을 듣게 하소서

풍등風燈

하늘은 온종일 바이러스 먹구름이다
이월의 음지, 잔설이 남아 음울하고
오리라던 봄은 왜 이리 더딘지
오, 저 여린 새싹이 얼어버리면 어쩌지

어느 날 불현듯 먹구름 덮치니, 아버지는 직장에서 들리는 정리해고 소문에 삶의 터전 앗길까 봐 가슴 철렁하고, 어머니는 자식 걱정에 살아갈 날이 막막하다. 젊은 아들은 일자리 찾다찾다 해 저문 골목길 터벅터벅 한숨을 밟고 돌아온다. 얼마나 더 기다려야 그날이 올까 얼굴을 가리고 백주에 활보하는 저 어색한 거리의 풍경들이 사라지는, 코로나에 덮여버린 일상의 슬픔 등燈에 태워 하늘로 날려버리고 더불어 손뼉 치며 함박웃음 웃을 날

어서어서 오시라
근심걱정 풍등에 담아 요단강 건너 저편으로
훠어이 훠어이 날려 보내고
하늘 저 높은 곳에서 훨훨 타오르는 날
세상을 환히 밝혀 기쁨의 노래 부르리
그날이 오면

미나리꽝에 거머리가 산다
−코로나와 거머리

무논 한 귀퉁이에 어머니의 미나리꽝이 있다
푸른 향 미나리를 잘라내면
언제나 그 자리에 풋풋한 새순 돋아
그 땅은 늘 싱그런 초록빛이다

그 아름다운 땅에 거머리가 살고 있다
미나리 줄기와 뿌리에 기대어 사는
검은빛 환형동물 흡혈귀가
종아리에 빨판을 들이대고 피를 마신다
검붉은 핏빛이 들 때까지 물고 늘어지는 모습에
어린 시절 그만 울음을 터뜨리고 말았다

요즘, 미나리꽝에 신종 거머리가 산다
생명을 갉아 먹는 무서운 거머리
눈에 보이지도 않는 코로나바이러스에
화성까지 우주선을 보내는 영장靈長들이
그 작은 것 앞에서 부르르 떨고 있다
겁먹은 인간들이 얼굴을 가린 채
어두운 거리를 어슬렁어슬렁거리는
참 슬픈 세상이다

달집태우기

오늘은 정월 대보름이다
하루종일 흐린 날이라
보름달이 오지 못할까 봐 걱정이다
달 보며 소원을 비는 날
행여 먹구름이 길을 가려 못 오실까 봐
저마다 얼굴은 우울 빛 슬픔이다

달님이 오시게 길을 열어라
대나무 높이 세우고 생솔가지를 쌓아
얼기설기 달집을 엮어라
행여 우리 임 길이 막혀 못 오실까
불을 밝혀라 달집을 태우라

코로 나 전염병 먹구름 자욱하다
어둠을 사르고 불길아 솟아라
세상 길을 어지럽히는 검은 구름
활활 타오르는 불길에 사그라지도록
달집을 태워 훨훨 사르라
정월 대보름 환히 길 밝히라
달집아 훨훨 타올라 어두운 세상에
활짝 웃는 웃음꽃 피우라

샤론의 꽃향기 되게 하소서
— 목감 온누리교회 22주년 축하 노래, 2021. 2. 25.

샤론의 꽃 예수
가시밭에 피어나는
한 송이 향기 진 꽃이 되기 위해
어깨에 어깨를 기대어 하나가 되는
세마포 빛 하얀 백합百合이어라

동에서 서에서 일꾼을 불러 모아
당신 닮은 꽃으로 피어나게 하시며
때로는 가시에 찢기어 향기가 되는
아픔도 감당하게 하시는 십자가 사랑
성전 문지방에 흐르는 생명물 줄기로
소생케 하시는 하나님 사랑이시라

이십여 성상, 세상 풍파에 흔들릴 때
가시관을 쓰시고 찢기인 흔적 위로
샤론의 꽃 붉어 그 향기 그윽하다
따사로운 눈빛으로 전하는 당신의 음성
"너와 함께 하리라"

갈릴리호수에서 베드로를 부르시고
"그 반석 위에 교회를 세우리라"
단감나무 땅 빈 터를 단단히 다지시고
주님 손수 머릿돌을 놓으신 교회
온 누리에 복음전파 사명으로 세우신 교회

이 땅에 그윽한 향기
샤론의 꽃향기 되게 하소서
거룩한 땅에 세우신 성전에서
사랑으로 일백이 하나 되어 피우는
한 송이 아름다운 백합 되게 하소서
달고 오묘한 말씀으로 세상을 살리는
하늘 향한 기쁨의 찬양이 되게 하소서
온 누리에 울려 퍼지는 사랑 노래 되게 하소서

슬픈 날의 기도

마음에 일어나는
불안을 잠재우게 하소서
작은 일에 마음을 닫지 않고
그 불길에 자신을 내놓지 않게 하소서

답답한 현실이라고
절망하지 않게 하시고
상심한 마음을 만져주소서
스스로를 견고하게 세워
심지가 굳게 하시고
정의 앞에 비겁하여
스스로를 비난하지 않게 하시고
올곧은 마음으로 걷게 하소서

사랑하는 사람을
진정으로 사랑하게 하시고
더불어 손잡고 갈 용기를 주소서

죠슈아트리
― 여호수아나무

끝없이 이어지는 척박한 땅
불같은 태양이
대지를 숨 막히게 한다
발아래 키 작은 풀과 나무들이
뜨거운 모랫바닥을 긴다

광야에서
이스라엘 백성들의 아우성이,
여호수아가 두 팔을 높이 들고
외치는 음성이 들린다
'구름기둥과 불기둥으로
 앞장서신 여호와를 보라!'

쓰러진 백성들이 다시 일어서고
죠슈아트리는
오늘도
광야를 지휘하고 있다

본향 찾아 떠나는 그대에게

(Ⅰ)

'풀은 마르고 꽃은 시드나 우리 하나님의 말씀은 영원히 서리라' 만물을 만드신 창조주께서 우리 육체는 풀이요, 그 모든 영광은 들의 꽃과 같다 하십니다. 우리 인생의 무상함을 풀잎에 맺힌 아침이슬이라 하십니다.

오늘, 우리는 해 아래 이슬 같은 인생길에서 영원한 생명의 길을 걸으며 찬양하는 백성으로 살던 그대를 생각합니다. 62년 전 한 생명을 이 땅에 보내사 하나님 사랑하는 아들로 살게 하시고 오대양 육대주를 다니며 당신의 넓은 가슴을 보게 하셨습니다.

때로는 거친 풍랑을 만났습니다. 먹구름이 몰려와 두려워 떨기도 했습니다. 그러나 항상 그곳에 당신이 계셔서 잔잔한 평안과 소망을 주셨습니다. 외로움의 땅에서 눈물 흘릴 때 두 손 꼭 잡아주셨습니다. 가나안 교회에서 장로의 사명과 행복한 가정을 세워가는 든든한 가장으로 익투스 합창단에서 오롯한 기둥으로 세우셨습니다. 하나님의 마음에 합한 자로 살았습니다.

(Ⅱ)
오늘, 하나님께서 부르십니다
하늘 곡조로 노래하던 그대를
천상에서 찬양케 하려 부르십니다

(Ⅲ)
이제 우리 그대를 보내려 합니다. 그대 떠남이 우리에게 큰 아픔이지만 가는 그곳이 하나님의 품이기에 웃으며 보내 드리렵니다. 그대 남기신 그 사랑과 열정 익투스가 세상에 전하겠습니다. 언제나, 그대 우리 가슴에 있기에 오늘도 우리 찬양을 합니다. 천상에서 노래하는 그대를 생각하며 가신 그 길을 따르는 그 날까지 그대와 함께 우리 찬양하렵니다.

* 배은주 장로는 1955. 7. 23일 출생, 익투스남성합창단의 제10대 단장을 역임하고, 2017. 5.10. 벨기에에서 소천.

사과나무

청송은 아름다운 땅이다
가을 아침 햇살에 반짝이는
붉은빛의 사과,
청송을 아름답게 가꾸는
또 하나의 이름이다

사과나무가 쇠파이프에 몸을 기댄다
주렁주렁 달린 사과에 가지가 위태하다
어쩌자고 여린 나무에
저 많은 사과가 매달렸을까
철없이 환히 웃고 있는 저 사과들
무엇을 생각하고 있을까

열세해 전에 떠나신 어머니
야윈 몸이 생각난다
가슴을 파고들던 칠 남매
그 몸부림을 어찌 버티셨을까
어머니, 그 이마 위
깊은 주름살이 슬프다

* 청송 문학기행에서. 2019. 11. 1 *

사명

옷깃 여미게 하는 바람 앞에
가을 나무가 서 있습니다
이곳저곳 벌레 먹은 나뭇잎
그 아픔을 함께 우는 눈물이 흐릅니다
남은 시간이 얼마 남지 않았습니다
저 아까운 나뭇잎들이 떠나기 전
이루어야 할 천금 같은 무게가 있습니다
사명입니다

풋과일에 햇살을 올려놓고
어서어서 익어가라고 다독입니다
붉은빛으로 고운 향기로
대를 이을 생명 하나 키우느라
하늬바람이 지나가는 것도 몰랐습니다

가을 나무가 서 있습니다
아름다운 몸짓으로 한 잎 한 잎 낙엽이 집니다
어쩔 수 없이 가는 것이 아니라
꼭 가야 하는 길이기에 망설임이 없습니다
이 땅의 사명 다하고 너울너울 춤추는
그 고운 몸짓으로
영원한 생명길을 가고 있습니다

* 주성오 장로님 소천. 2019. 10. 14. *

우주에 손 닿다

어느 날 갑자기
깊은 잠에 빠져 있다가
맹렬한 불길을 만나
모든 것 버려두고
황망히 그 자리를 떠야 한다면

하늘이 갑자기 장대비를 쏟아부어
속절없이 온몸으로 감당해야 한다면

내가 가는 이 길에서
돌아갈 수도 없는 그 길 끝에서
깊은 낭떠러지를 만난다면

나는 여기에서 무엇을 할 수 있을까

아, 그 손끝에 무엇이라도 닿기를
간절히 바라며 발돋움하지 않을까
아득한 눈빛이 손끝에 닿는 순간
찾아올 평온을 바라면서
하늘 우러러 그 높은 우주를 향해
손을 뻗지 않을까

금수강산을 춤추게 하소서
― 제28회 함해노회 찬양합창제에 부쳐

땅이 혼돈하고
흑암의 깊음 위에 공허하던 날
"빛이 있으라" 말씀하신
어둠을 깨워 하나하나 불러주신
창조주 여호와를 찬양합니다

삼천리 반도 푸른 강산에
금수錦繡로 수놓은 우리 대한민국
방방곡곡에 십자가를 높이 세우시고
자유와 풍요로움으로 춤추게 하신
여호와 하나님을 찬양합니다

아직은, 휴전선이 민족의 아픔이지만
하나님의 때가 이르리니
우리 앞길 가로막는 녹슨 철조망이
아침 안개 걷히듯 사라지게 하실
전능의 하나님을 찬양합니다

오늘, 주의 자녀들이 올리는 찬송이
북녘땅 동포들의 가슴속에 솟아날
소망의 외침이 되게 하소서
남북이 하나 되는 아름다운 화음으로
통일의 하나님을 찬송하게 하소서

"다 이루었다"
사망의 사슬을 끊어버리신 그 외침이
남북을 가로막는 휴전선을 무너뜨리게 하소서
하나님을 찬양하는 백성들의 노래가
민족의 가슴가슴에 물결치게 하소서
금수강산을 춤추게 하소서

하늘길

길이 있어도 보이지도 않는다
구분선을 그은 흔적도 없다
길이 없는 곳에 길이 있다
태초에 열린 길이다

창조주 하나님께서 하늘과
해와 달, 별을 만드시고
정해진 길로 우주를 운행하신다

그 길로, 오늘 비행기가 날고
길이 없는 곳에 길을 내신
여호와께서
오늘 노래하게 하신다
'하늘가는 밝은 길이 내 앞에 있으니'
하나님 만드신 그 길

하늘 가는 길
오늘도 우리는 그 길에서
여호와를 찬양한다

시애틀을 떠나며

찬양을 시작하기 전
마주 보고 있는 것만으로
이미 눈시울이 붉어지는 감동의 자리
얼마나 그리웠으면 저리도 간절한가
고국 떠나 살아온 수많은 날 속에
고향이 보이고,
귀에 익은 노래가 들리는데
어찌 찬양하지 않을 수 있을까

나누는 정성과 따뜻한 미소가 말한다
다시 만날 수 있다는 기약 없어도
오늘 부른 당신들의 찬양은
영원히 우리 가슴에 있을 것이라고

시애틀이 비에 젖는다
당신들의 마음이고
우리네 마음이다

하늘이 열리고, 땅이 열리고
- 한강교회 창립 50주년에 부쳐

땅이 혼돈하고
공허하며
흑암의 깊음 위를
운행하시던 하나님께서
"빛이 있으라"
하늘을 열어주시고

동방의 작은 나라
복음의 빛 비추사
하늘길이 열리고
마침내 암흑의 땅이 열리니

하나님 은총이라
이 땅에
복음의 씨앗 심으심이라

* 한강교회 50년사 『한가람에 이는 그리스도 향기』. 2021. 4 *

아름다운 소식 한강에 꽃 피다
- 秋聲, 정운상 목사

하늘의 뜻을 알아 외치는 구원의 소리
"오늘은 이촌동, 내일은 세계로!"
가을 폭포 웅장한 목소리 들린다

"바람 분다 돛 달아라"
외치는 소리 한강을 달리고
때마다 일마다 평강 주시는 은혜
내 뜻이 아닌 하나님의 뜻이
더 웅대하고 아름다우니
이 땅에 모든 것은 하나님의 섭리라

굽이굽이 세상 길 가는 동안
하나님의 뜻을 따라
한가람에 터를 세우고
오롯이 한길 걸었어라

사랑의 줄에 매여
"사랑의 줄"
추성秋聲의 외치는 목소리
가을빛이 하늘 높다

* 한강교회 50년사 『한가람에 이는 그리스도 향기』. 2021. 4 *

주가 쓰시겠다 하라
– 어린 나귀와 주인, 그리고 성도들

호산나 호산나!
예루살렘 입성하시는 주님
어린 나귀를 타셨네

한 번도 사람을 태우지 않은
순전한 새끼 나귀 주님께 쓰임 받았네
낯선 이의 손에 끌려 나올 때
버둥거리지도 울지도 않고
조용히 그분께 등을 내어주네

나귀 주인의 이름 기록도 없고
누구일까 아무도 묻지 않았네
오직 그의 순종만이 아름다운 이야기로 전해오네

하나님의 교회를 세우는 일에
성전기둥을 안고 울던 눈물의 기도도
긴 세월 지치고 손가락질당해도
어린 나귀로 온 힘을 다하신 종들이여
그대들 거룩한 희생이 성전 가득하네
모든 것을 드려 하나님의 전을 세운
성도들의 헌신이 하늘에 가득하네

* 한강교회 50년사 『한가람에 이는 그리스도 향기』, 2021. *

자주괭이밥의 기적

긴 겨울을 건너
메마른 삶의 굴곡을 넘어
지치고 곤한 길을 걸어왔어요
창틈으로 들어오는 찬바람에
진저리를 치며 서서히 얼어붙는
설움을 애써 외면한 채
무정하게 흘러가는 세상을 보았어요

어느 날, 기적이 일어났어요
약속처럼 다가오는 햇살을 만났어요
잠자는 영혼을 깨워주는 속삭임에
내 몸 안에 푸른 혈맥이 열렸어요

누구일까요?
병들어 시들어가는 저들에게
소망을 빛으로 다가서는 위로의 손길
내 온몸에 뜨거운 심장을 만들어
"사랑한다 사랑한다"
자줏빛 무늬의 웃음 속에 피는
사랑의 고백,
자주괭이밥의 기적

유월, 어느 날의 기도

넘을 듯 넘어올 듯 넘지 못하는
봄의 경계에서
칠십 년을 기다리게 하심은
끝내, 눈물로 동토를 녹이려는 건가요
긴긴 겨울을 저 깊은 땅속에서 웅크리고 있는
아픈 영혼들, 그 눈물을 기억하소서

저 작은 생명이 포기하지 않게 하시고
봄의 숨소리를 듣게 하소서
암흑의 깊음 속에서 절망하지 않게 하시고
긴 겨울을 인내하는 소망의 이유를 듣게 하소서

실낱같은 믿음일지라도 놓지 않게 하시고
거짓말처럼 다가올 약속의 시간에
푸른 생명을 드러내게 하소서
거룩한 연둣빛 새싹을 올리게 하소서
백두산에서 한라산까지
깊은 잠에 빠진 조국 강산이 눈을 뜨게 하소서
얼어붙은 휴전선 이북 땅에
자유가 새움 돋게 하시고
아름다운 꽃소식으로 평화를 꿈꾸게 하소서

* 6.25 사변 70주년. 2020. 6.25 *

에스컬레이터

평생을
남의 밑에서 일만 했다고 억울하냐

지하철 에스컬레이터를 보았느냐
세상 온갖 것 다 밟고 다녀 더러워진 네 신발 밑에서
비대해진 몸이 흔들릴까 봐 조심조심 올라가는 그가
언제, 한 마디 불평하는 소리라도 하더냐

숨 한 번 제대로 쉬지 못하고
일만 한 것이 그리 억울하냐
남들 쉴 때 쉬지 못하고
일만 한 것이 그리 억울하냐

설이다 추석이다 다니면서 버스를 타 보았느냐
낡은 시내버스를 운전하는 기사를 보았느냐
그는 명절을 함께 쉴 가족이 없고
찾아갈 고향이, 조상의 산소가 없다더냐
그가 세상을 향해 투정하는 소리를 들어보았느냐
오늘 내가 흘린 땀이 누군가의 힘이 되고
사랑하는 사람들을 행복하게 하는 것이라면
그 또한 기뻐해야 하지 않겠느냐

시론과 내가 좋아하는 시

🍁 시에 대한 짧은 생각 하나
　　- 시선視線을 중심으로

🍁 기다림으로 승화시킨 삶의 고독
　　- 채광석의 "기다림"

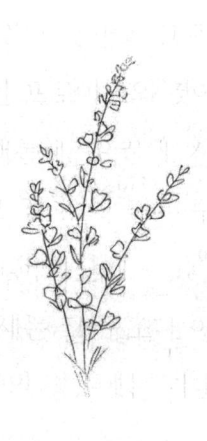

 詩論

詩에 대한 짧은 생각 하나
− 視線을 중심으로

I. 들어가는 말

『달섬문학』이 사이버상에서 '릴레이 詩論'을 시작한 것은 매우 의미 있는 일이라고 생각합니다. 함께 문학 활동을 하는 분들의 詩에 대한 또 다른 생각을 들어보는 것은 자신의 창작에 많은 도움이 될 것입니다.

詩論이라는 것은 詩에 대한 어떤 보편적인 이론을 말합니다. 그러나 시론이란 어떤 원리처럼 보편적인 이론은 있을 수 없습니다. 그런 의미에서 달섬문학의 릴레이 시론은 詩人의 시에 대한 각자의 생각, 시와 자신의 삶에 대한 이야기를 나누자는 의미로 받아들일 때 나름의 의미를 찾을 수 있다고 생각합니다.

'릴레이 시론'에서 '詩論'은 없다라고 시작하는 것 또한 잘못된 생각일 수도 있습니다. 있는 것을 찾지 못한 것일 수도 있고, 그것을 찾고자 부단한 노력을 게을리 한 자기변명일 수도 있습니다.

오늘 저는 시에 대한 몇 가지 생각을 이야기하되, 詩人의 시선視線에 대하여 중점적으로 나누고자 합니다. 어쩌면 제가 하는 이야기가 전혀 새로운 것이 없는 내용일 수도 있지만, 제가 시를 창작할 때 마음에 간직하고 있는 이야기를 정리한 것이라고 이해해 주시기 바랍니다.

Ⅱ. 시 창작

1. 詩란 무엇인가?

흔히들 시란 어떤 대상을 보고 느낀 것이나 자기 생각 즉 인간의 정서와 사상을 운율韻律과 이미지로 결합하여 운문韻文이라는 형식을 빌려 표현한 문학의 한 장르라고 말합니다. 여기서 말하는 '인간의 정서와 사상'은 사람마다 비슷한 경우는 있을지 몰라도 동일할 수는 없습니다. 이것이 보편적인 시론이 존재할 수 없는 이유 중의 하나가 될 것입니다.

2. 詩를 쓰는 것은 무엇을 의미하는가?

시는 자신의 정신세계를 표현하는 작업이며, 이 정신세계는 하나의 독립된 세계를 이룹니다. 정신은 행동을 낳고, 그 행동은 책임責任을 동반하는 것입니다. 자신의 정신으로부터 나온 행동에 책임을 질 줄 아는 사람이 올바른 사람이며, 詩人이 되기 위한 기본조건을 갖춘 사람이 되는 것입니다. 무엇이 되기 이전에 먼저 인간이 되어야 한다는 것은 비단 시인에게만 해당하는 것은 아닐 것입니다.

詩를 쓰는 것은 자신을 맑히는 일입니다. 맑은 마음으로 쓰여진 詩만이 감동을 주고 진실성眞實性으로 독자를 설득할 수 있을 것입니다. 자신을 맑힌다는 것은 진실해진다는 것을 의미합니다. 투명한 마음이 되지 않고는 이면에 숨겨져 있는 진실을 발견할 수도 없고, 진실을 말할 수도 없으며, 진실한 글을 쓸 수 없습니다. 詩는 진실해야만 합니다.

詩를 쓰는 것은 자신을 발견하고, 그곳으로 돌아가는 것입니다. 즉 자기 자신의 내적內的인 진실성을 확보할 때만이 진실한 詩를 쓸 수 있기 때문입니다.

詩를 쓰는 것은 자신 속에 충일充溢해진 따뜻한 마음을 내보이는 것이라고 생각합니다. 따뜻한 마음을 가진 사람만이 따뜻한 詩를 쓸 수 있습니다. 추위에 떠는 사람에게 손을 내밀어 훈훈함을 나누어주고, 소망을 주는 詩는 따뜻한 가슴에서만 나올 수가 있습니다. 따뜻한 마음을 가진 자만이, 타인을 따뜻하게 보듬을 수가 있으며, 또한 그에게 희망을 심어줄 수 있기 때문입니다.

詩를 쓰는 것은 아름다움을 창조하는 것입니다. 세상에 있는 대상을 미美와 추醜로 구분할 수 있습니다. 아름다운 것을 아름답다 이야기하고, 추한 것을 추하다고 하는 것은 누구라도 할 수 있습니다. 그러나, 세상 사람들이 눈에 보이는 것만으로 대상을 파악하는 것과는 달리 시인은 외형으로 보이는 것을 넘어서 그 속에 있는 진실을 볼 수 있는 것입니다. 미美 속에서 추醜를 보는 것, 추한 것에서 아름다움을 발견하는 것, 나아가서는 아름다움 속에 보이는 추함 속에서 또 다른 미를 노래하는 사람이 시인詩人입니다. 그래서 시는 궁극적으로 아름다움을 창조하고 노래하는 것입니다.

Ⅲ. 시 창작과정
- 시선視線을 중심으로

우리는 시詩를 창작하는 과정을 흔히 크게 두 가지로 나누어 볼 수 있습니다.

어떤 것을 보거나 듣고, 또는 경험한 것을 자신의 내적 사고를 통하여 글을 쓰고자 하는 생각과 어떻게 쓸 것인가를 마음으로 정리하는 것을 발상發想의 단계라고 합니다. 발상의 단계는 어떠한 글감을 가지고 마음속으로 형상화하는 단계이며, 시적 대상詩的對象을 통하여 심리적으로 인식認識하는 과정을 말합니다.

또 하나는, 마음속에 형상화된 글감을 글이라는 형식을 빌려 외부에 나타내는 표현表現의 단계입니다. 아무리 좋은 글감과 시상을 가지고 있다 할지라도 시적형상화詩的形象化를 통하여 외부에 나타내지 못하면 진정한 의미의 詩라 할 수 없습니다.

우리가 흔히 이야기하는 시인詩人이란 이 두 단계를 거쳐 형상화된 글을 쓰는 사람이라는 뜻입니다. 좋은 시詩를 쓰려면 천부적인 감성도 있어야 하겠지만, 시작훈련을 통하여 시어詩語를 다듬고 시적묘사詩的描寫와 시적구조詩的構造를 튼튼히 하기 위하여 부단한 노력과 배움이 있어야 할 것입니다. 그러나, 이 두 단계가 뚜렷이 구분되는 것이 아니고, 실상은 연속적으로 이루어지는 하나의 과정이라고 할 수 있습니다.

지금부터는 시 창작과정에서 근원적인 창작인 발상發想에 대하여 좀 더 생각해보고자 합니다. 앞에서 시를 쓰는 것은 아름다움을 창조하는 문학적 행위라고 말하였습니다. 우리 마음에 어떠한 상像이 그려지기 위해서는 우리는 무엇인가를 보아야 할 것이고, 보아야 느낌이 있을 것입니다.

여기에서 주목해야 할 것이 시선視線입니다.

세상을, 사물을 그리고 사건을 어떻게 볼 것인가? 이것은 시인의 심성心性과 깊은 관련이 있으며, 시 창작에 그리고 시의 내용에 지대한 영향을 미치는 중요한 요소입니다.

혹자들은 말하기를 현미경顯微鏡적인 시선視線과 망원경望遠鏡적인 시선을 동시에 가지고 있어야 한다고 말합니다. 넓은 안목으로 전체를 바라보고, 그 속에 내재內在해 있는 부분까지 세밀하게 볼 수 있는 눈이 필요하다는 말일 것입니다. 지극히 당연한 말입니다.

그러나 여기에서는 관점觀點을 조금 바꾸어 생각해보고자 하는 것은 기본적인 시선視線의 중요성입니다. 어떠한 마음을 가지고 대상對象을 보느냐에 따라서 엄청난 차이를 느낄 수 있을 것입니다. 아름다운 것도 아름답게 보지 못하고, 작은 흠을 확대해 본다면 그 결과물, 詩의 차이는 어떠할까? 아름답게 피어있는 꽃을 보고 아름답게 느낄 수 있는 것은 그 사람의 복입니다. 자신이 느끼는 만큼 아름다움을 간직할 수 있다는 말입니다.

그래서 한 시인詩人의 기본적인 시선視線은 그 작품作品의 성격을 결정짓는 것이라 할 수 있습니다. 여기에서 나는 시인의 기본적인 시선은 따뜻해야 한다고 생각합니다. 따뜻한 시선은 따뜻한 마음에서 나올 수 있습니다. 따뜻한 가슴에서 우러나와 따뜻한 시선으로 보고 느끼고 쓰는 시야말로 따뜻한 감동을 주는 시가 되리라 생각합니다.

 따뜻한 시詩라야 독자에게 위로를 주고 소망所望을 갖게 할 것입니다. 따뜻한 가슴으로 외로운 자들의 가슴에 감동을 주고 사랑을 느끼게 하는 시를 쓰는 것이 이 시대에 시인들의 사명使命이며 나아갈 길이라는 생각을 합니다. 물론 詩의 효용성效用性 측면에서 본다면 여러 가지 반론과 또 다른 주장이 있을 수 있을 것이나, 여기서 제가 말하고 싶은 것은 한 시인의 저 깊은 밑바닥에 깔려 있는 기본적인 시각을 말하고 싶은 것입니다.

Ⅳ. 나가는 말

 시詩에 대한 정의, 시창작詩創作 방법론 등 詩에 관한 이론은 수없이 많이 있습니다. 여기에서 이야기하는 것은 그중의 극히 일부분에 불과합니다.

 시는 지극히 주관적이고 개인의 감정이 담겨있는 문학작품이기 때문에 보편적인 글이 반드시 좋은 것은 아닙니다. 그리고 좋은 시라는 정형定型이 있을 수도 없습니다. 기존의 틀을 깨고, 관념을 부수어 버린 파격적인 시가 돋보일 수도 있습니다. 자기 자신만의 감성과 시선으로 작품을 형상화 시킬 때 감동적이고 진실한 글이 될 것입니다.

다시 말하면 보편적인 시론은 존재하지 않습니다. 어쩌면 시론詩論이란 평론가들이 시를 분석적인 방법으로 해부하기 위하여 만들어 낸 도구이고, 그것은 영혼의 일을 과학적인 방법으로 접근하는 것과 같은 우를 범하는 것이라고 할 수 있습니다.

시인의 수만큼, 아니 독자의 수보다도 더 많은 시의 유형이 있을 수 있습니다. 그럼에도 불구하고 시에 대한 어떠한 정의를 내리듯이 하는 것은 시를 공부하는 입장에서 볼 때는 어느 정도 시 창작에 대한 기본을 갖고 시를 쓰는 것이 좋다는 의미意味일 것입니다.

시론詩論이란 시인詩人에게, 마치 운동선수가 초보 시절에 충실해야 할 기초훈련 프로그램과 같다 할 수 있을 것입니다. 기본훈련을 통해 기초실력을 갖춘 후 부단한 노력으로 현란한 개인기를 갖춘 훌륭한 선수가 되듯이, 시 창작의 기본을 배운 후 많은 습작을 통해 진정한 자신의 글을 쓸 수 있을 것입니다.

아름다운 것은 아름답게 보는 눈이 있을 때 소중한 것입니다. 절망의 자리에서 소망을 꿈꾸는, 명자나무 상한 가지에서 붉고 아름다운 꽃을 피우는 사연을 들을 수 있는 귀와 눈이 있어야 할 것입니다. 아무리 좋은 시에 대한 지론도 자신의 것으로 받아들여 내 것을 만들 때 의미 있는 것입니다. 자신의 것을 만들 수 있는 사람은 오직 자기 자신뿐이기 때문입니다.

『달섬문학』의 시인들 모두가 아름다운 시선視線을 가지고, 진실성과 성실성이 내포된 좋은 작품, 유월의 초록빛처럼 감동을 주는 작품을 남길 수 있길 기대합니다.

* 2005. 6월에 銀川 *

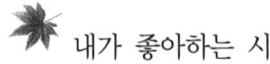 내가 좋아하는 시

기다림으로 승화시킨 삶의 고독

기름진 고독의 밭에
불씨를 묻으리라

이름 모를 산새들 떼지어 날고
계곡의 물소리 감미롭게 적셔오는
여기 이 외진 산골에서
맺힌 사연들을 새기고
구겨진 뜻들을 다리면서
기다림을 익히리라

카랑한 목을 뽑아 진리를 외우고
쌓이는 낙엽을 거느리며
한 걸음 두 걸음 조용히 다지다가
자유의 여신이 찾아오는 그 날
고이 목을 바치리라

대를 물려 가꿔도 빈터가 남는
기름진 고독의 밭에
불씨를 묻으리라
　　　　　　—채광석 '기다림' 전문

내가 채광석 시인을 만난 것은 그리 오래되지 않았다. 내가 기다림의 시인인 그를 만난 곳은 안면도에 있는 자연휴양림에서다. 적송이 빼곡히 들어 차 있는 곳에서 푸른 시를 청정하게 외우고 있는 그를 만나고, 그의 시에 마음을 열게 되었다.

채광석 시인은 흔히들 민족민중작가라고 분류한다. 그는 우리나라가 군사독재의 암울한 그늘에 덮여있을 때, 배반과 굴절의 시대에 민중문화운영연합회 및 자유실천문인협의회 재건 등을 통하여 시인의 양심을 지켜나간 시인이다. 계엄령 위반으로 옥고를 치르면서도 그는 자기 뜻을 굽히지 않고 시 작업을 하였으며, 직설적인 문학비평가로서도 주목을 받아왔다.

그는 1948년 7월 11일에 충남 태안군 안면읍 창기리에서 출생하여 1987년 7월 12일 서울에서 불의의 교통사고로 타계할 때까지 40여 년의 짧은 생을 살면서 시집 "밧줄을 타며"와 평론집 몇 권을 남겼다. 그의 죽음을 안타깝게 여기는 문학인들에 의해 그의 장례식은 '민족시인 故 채광석 민주문화인장'으로 치러졌으며, 20주기 기념일인 2000. 7. 12에는 태안 출신 문인들을 중심으로 실천문학회에서 안면도 자연휴양림에 그의 문학정신을 기리는 시비를 건립하였다. 그 시비에 새겨져 있는 시가 바로 그의 대표작이라 할 수 있는 '기다림'이다.

채광석 시인의 '기다림'은 그의 민족주의적인 시정신과 자유민주주의를 갈망하는 그의 정신을 엿볼 수 있다. 그뿐만이 아니라 이 시 속에는 그의 높은 지조와 웅지를 펼 때를 기다리며 끝없이 마음을 갈고 있는 시인을 만날 수 있다. 현실의 고단함에 어깨가 무겁지만 늘 깨어서 아름다운 세상을 꿈꾸며 기다리는 강한 의지를 볼 수 있다. 나는 이 한 편의 시 속에서 채광석 시인의 삶을 본다.

　카랑한 목을 뽑아 진리를 외우고
　쌓이는 낙엽을 거느리며
　한 걸음 두 걸음 조용히 다지다가
　자유의 여신이 찾아오는 그 날
　고이 목을 바치리라

노래하는 그의 맑은 정신과 꺾이지 않는 의지를 보며, 그의 못다 한 큰 소망을 본다.

나는 안면도에 가면 나를 기다리는 채광석 시인을 만날 수 있어 기쁘다. 적송의 그 푸른 가지 끝에서 오늘도 청정하게 외우는 채광석 시인의 시를 들으며 역경 속에서 '구겨진 뜻들을 다리면서' 익힌 기다림과 그 기다림의 깊은 뜻을 새긴다. 세월은 흘러 그가 떠난 지 23년이 지났지만, 그가 외우는 푸른 시가 적송을 푸르게 가꾸고, 그 골짜기에 시냇물을 흐르게 하는 것을 알 수 있다. 이름 모를 산새들이 그의 청정한 시詩 외우는 소리를 따라 그리 아름답게 노래하고 있음을 알 수 있다.

우리는 그의 죽음을 추모하는 황지우의 글에서 외롭고 힘들게, 그러나 담대하게 문학의 길을 걸었던 채광석 시인을 만나게 된다. '남들이 다 어려운 가운데서 매끄럽게 챙길 것을 챙기고 일의 결과를 소유하면서 눈치껏 살아오는 동안 참으로 가장으로서 못 살았고, 지식인으로서 철저히 살아왔다.'

오늘도 '대를 물려 가꿔도 빈터가 남는 기름진 고독의 밭에 불씨를 묻는' 시인의 소망을 보며, 암울한 시대 상황에서도 지식인의 삶의 고독을 기다림으로 승화시킨 좋은 작품에서 감동을 받는다.

원문출처
이춘원시인의 작품 : 채광석의 '기다림' – 문학의 즐거움

銀川 이춘원 제13시집
꽃별 뜨다

초판 발행일 2025년 9월 30일

―――――

지은이 이춘원
펴낸이 김선자
펴낸곳 도서출판 자기다움
등 록 제2018-000071호
주 소 서울시 충무로 5길 11, 5층
전 화 02) 2266-0412
E-mail parkjs8@naver.com

―――――

편 집 김선자
디자인 박태영

―――――

ISBN 979-11-91548-45-7 (03800)
정 가 10,000원

―――――

※ 잘못 만들어진 책은 바꿔드립니다.
　이 책 내용의 일부 또는 전부를 재사용하려면
　반드시 저작권자의 동의를 얻어야 합니다.